科学家的
脸书狂想

一奈米的宇宙　著

中国出版集团
现代出版社

版权登记号：01-2019-7036

图书在版编目（CIP）数据

科学家的脸书狂想／一奈米的宇宙著. －－ 北京：
现代出版社, 2019.12
    ISBN 978-7-5143-7461-2

    Ⅰ.①科… Ⅱ.①一… Ⅲ.①科学家 – 生平事迹 – 世
界 – 通俗读物 Ⅳ.①K816.1 – 49

中国版本图书馆CIP数据核字(2019)第270927号

项目合作：锐拓传媒 copyright@rightol.com

科学家的脸书狂想

著　　者　　一奈米的宇宙
责任编辑　　刘全银
出版发行　　现代出版社
地　　址　　北京市安定门外安华里504号
邮政编码　　100011
电　　话　　(010) 64267325
传　　真　　(010) 64245264
网　　址　　www.1980xd.com
电子邮箱　　xiandai@vip.sina.com
印　　刷　　北京启航东方印刷有限公司
开　　本　　787 mm × 1092 mm　1/16
印　　张　　14.5
字　　数　　136千字
版　　次　　2019年12月第1版　2019年12月第1次印刷
书　　号　　ISBN 978-7-5143-7461-2
定　　价　　52.00元

推荐序

从科学探讨人生，由人生体会科学。

你是否也曾想过如果以前的科学家们也跟我们一样有脸书（Facebook，一个联系朋友的社交工具）、有PTT（一个中国台湾的论坛）、有Google（谷歌，一个全球性的搜索引擎网站），该会是怎样的情景呢？《科学家的脸书狂想》是由"一奈米的宇宙"团队所发想的创意作品，想象着知名科学家们在脸书同步上线，从他们涂鸦墙上的内容来领略他们的科学成就与人生感想。

"一奈米的宇宙"团队是由很有意思的成员组成的，有部分成员上过我在交通大学所开的课，我发现他们常有很多天马行空的想法，也能够想办法付诸实现。这个团队利用科学显微镜影像进行二次创作，让科学研究中得到的显微镜影像不单只是影像，也衍生出其他的意义，再加上结合不同议题，让观赏的人仿佛能在显微镜下感受到生活。2017年暑假，他们在交大的浩然图书馆举办了"一奈米的宇宙X显像环生展览"，展出研究实验室所拍摄到的显微镜影像，获得了很不错的反响。

接续科学与人生的跨领域概念，他们写下了这本《科学家的脸书狂想》。在书中，我们可以看到爱因斯坦、牛顿、阿基米德等不同时期的科学家同时在脸书上线。在他们的脸书动态中，一则则有趣的日常生活帖子让人联想到他们的科学成就：牛顿会因为被苹果打到头，在脸书上抱怨"可恶头好痛"，而且状态改成"讨厌苹果"。爱因斯坦则用"相对论"形容学生上课时因熬夜打瞌睡，一眨眼突然就下课了，把上课时间与光速的概念联结起来。我自己最喜欢的则是克劳修斯脸书上写的："我的房间符合热力学第二定律，时间久了就乱七八糟。"——因为这也常常发生在我的办公室（果然是科学定律无误）！另外，科学家们也会在彼此的脸书上留言，不可能发生的科学历史大乱斗就这么发生了，《科学家的脸书狂想》真是一本很有哏的书。

除了科学家、哲学家、发明家的脸书狂想外，书中也加入了"关于人生"的小单元，表达作者们对该主题的感想。另外，还有"一奈米教室"与科学家的生平简介，让读者能了解这些科学家真实所在的时空背景与其理论的科学意义，在乐趣中可以学到许多有用的科学与生活知识，书中很多地方都可以看到作者们的巧思，常让我会心一笑。

曾听过一句很有名的广告词——世界越快，心则慢。在现今资讯快速流通的世界，我们更需要把心慢下来体会与思考。通过这本《科学家的脸书狂想》，相信读者也都从中看到了科学、体验了人生、反馈了生活。

你，点赞了吗？

台湾交通大学副学务长　陈俊太

前言

我们从小就不喜欢读教科书，没想到竟然要出书，而且书的主要内容还是所有教科书都会教的科学定理。

还记得高中懵懵懂懂听老师讲述洪德定则（Hund rule）的时候，思绪就常常神游，觉得这个定理跟搭公交车甚至上公共厕所的情况有异曲同工之妙，也开始注意到其他定理跟人生互相结合的情况（印象最深刻的就是读完老子《道德经》后，觉得老子提倡的"道"，跟电子概率的分布感觉很像）。

但后来还是懵懵懂懂从高中毕业了，那时候的白日梦也沉积到了大脑的深处——直到"一奈米的宇宙"团队的成立。

当初"一奈米的宇宙"主要是分享美丽的电子显微镜影像，我们四处拜访教授、同学，取得了相当大量的显微镜图像[1]，而你绝对想象不到这些影像下的分子们竟然会排列成爱心的形状，或是烟火甚至是笑脸等令人惊喜的图像。

这些有趣的影像如果只是沉睡在论文中甚至被当成垃圾一般丢弃在电脑里相当可惜，因此我们写了些诗文，替原本黑白的影像上了些色彩后，放上了粉丝页，没想到却因此

---

1 通常我们不会拿要刊登在论文或期刊的影像来创作。但要特别说明的是，有趣的影像往往来自实验中的杂质。

吸引了一群喜欢理科的文青粉丝们。但很快地，我们面临了多数创作者会遇上的瓶颈——没有灵感。我们不得不寻找新的发文模式来维持社群动态的固定产出，于是我们又实验了许多与科学相关，但同时保留能让文科人也参与其中的帖子，其中之一便是"人生科学"系列。

当初只是随手写一写，就直接放上粉丝页，意外获得好评，更有幸能获得出版社的青睐，但问题随之而来，到底我们要如何创作出这么多跟人生互相结合的定理呢？

人的记忆就像是池水里面的沙子，只要投入石子翻搅池水，沙子就会扬起。你一旦学过，只要经过稍微刺激，就会再度回想起来。

所以，我们重读了从初中乃至大学的物理、化学、生物、地理、数学，顿时有回到高三那种十项全能的感觉。

在出书写作的那段日子，我们每个人都经历了一个相当高强度的疯狂输出时期，一边兼顾期中考试，一边还要不断赶稿、修正，作图想包袱，还要看书（看不懂还要去问班上的学霸），然后走路时都要一直想着自己的人生最近发生了什么事情。与此同时，我们也不愿意因为写书就中断"一奈米的宇宙"的经营——我们根本就是把大学最后的热血青春全部赌在这本书上啦!

人每天站在人生的路途中,从没想过会往哪里走,或是走到哪里,"一奈米的宇宙"也没想过会走到今天,误打误撞地出书了。

我们一直秉持着初衷,希望帮助每位读者都能找到一点生活的能量,因为生活总是会差那么一点,考试总是差那么一点就能及格,吐司总是差五块就能加蛋,公交车总是差那么一点就能赶上,或是工作面试总是差那么一点就能被录取。独自拍下脸上碰了一地灰土的时候,总希望有人可以懂自己的感受,只要有一个人懂就好了。我们想成为那个了解你的人,我们也会因为创作要发送出去而紧张害怕,也会因为获得你们的喜爱而欣喜若狂,也会因为大家的不理不睬而厌世颓丧,但这些都是因为我们想要做得更好。我们还是想要保有我们的初衷,希望能够用有趣的方式来分享往常可能认为无趣的科学。

谢谢每个喜欢"一奈米的宇宙"的朋友,谢谢每个愿意支持"人生科学"的朋友,你们是我们不断努力的原动力。

谢谢那些在我们处于低潮而失落时、在我们绞尽脑汁

还是没有灵感时陪伴在身旁的朋友，谢谢那些不断给我们
信心、给我们点子的学长和学姐，更在此特别感谢：

卢敬和学长

陈俊太教授

台湾交通大学应用化学系

台湾交通大学

没有这些贵人，就没有这本书的诞生。

最后，希望你们能享受这本书。

一奈米的宇宙 Chemystery 团队

简 介

1 人生好难，不如发废文吧

　　每个单元以科学家发的废文（一种网络文体）做开场，而每一则废文不但隐含着科学定理，更是对人生境遇的抒发。

2 酸民无极限

　　发完废文后，科学家与酸民（PTT的流行用语）们展开一场留言大乱斗，其精彩程度完全不输PTT八卦版。其中的乐趣就等待各位读者去发掘吧！

3 这就是人生啊

　　看完科学家的帖子，相信你一定会大叹："啊！这就是人生啊！"因此接续上页，对人生做更深刻的描绘。

4 你妈绝对不会的定理

　　每一则废文不只是对人生的咏叹，背后都有相应的科学定理，而这些定理你一定在考完试之后就还给老师了吧？于是本书贴心提供科学定理介绍，试图唤起你的记忆。

PART 1

34　同素异形体

关于人生

　　在你遇到危险的时候我奋不顾身地保护你，在你伤心难过的时候我借你肩膀，在你笑的时候我也跟着开心，你就是一个这样特别的存在，我想用尽全力让你永远可以自在地大哭大笑，无论我做了什么，用相同或不同的方式，所有一切的本质都是爱。

一奈米教室

　　同素异形体是指由一样的单一化学元素所构成，但性质却不相同的两种（或以上）的化学物质，彼此间的差异主要体现在物理性质（如颜色、硬度）上，化学性质上则有活性的差别。
　　常见的同素异形体有同样由碳（C）所构成的钻石、石墨、纳米碳管及碳–60，同样是由磷（P）所构成的红磷、黄磷、黑磷和紫磷，同样都是由氧（O）所构成的氧气和臭氧，还有同样由硫（S）所构成的单斜硫和斜方硫。

PART 3

194 — 科学家的脸书狂想

5 科学动态时报

本书用动态时报呈现出科学家的趣闻、研究专长和他的生平事迹，用有趣的形式带你认识科学家。其中可以分为以下几个部分：

简介

简单介绍科学家的生平事迹。

朋友

列出同时空下的其他科学家。

动态

用废文呈现科学家的有趣故事。

通知

暗示科学家的生日。

哈罗德·沃特·克罗特 (Harold Walter Kroto)

1939.10.7 - 2010.4.30   出生于英国

克罗特虽是英国化学家，他的父母却是在德国柏林出生的犹太人。在那个犹太人被纳粹德国迫害的年代，克罗特的双亲被迫流亡英国，生下克罗特。

1985年，已经成为化学博士的克罗特和美国科学家斯莫利、柯尔在莱斯大学开展在氦气流中以激光汽化蒸发石墨的实验，首次制得由60个碳原子键组成的碳原子簇结构分子 C_{60}，也就是石墨与钻石的同素异形体——富勒烯。之所以取名为"富勒烯"是因为它与知名建筑师巴克敏斯特·富勒（Richard Buckminster Fuller）的建筑作品相似，故而向他致敬。富勒烯同时也被称为"巴克球"。克罗特、柯尔和斯莫利因此获得了1996年诺贝尔化学奖。

在富勒烯被发明以前，碳的同素异形体只有石墨、钻石、无定型碳（如炭）。富勒烯的出现除了拓展了碳的同素异形体的数目，富勒烯独特的化学与物理性质以及数不完的潜在应用，更强烈地引起了科学家的研究兴趣。不管是在材料科学、生物医学，还是在电子学、纳米科学等领域上面，富勒烯都有极高的应用潜力。

Chapter 05 碳族 — 185

6 人生精彩回顾

这个部分针对科学家的生平做更详细的介绍，读者可以发现许多科学家有趣的故事、发明和发现。另外，此处也会针对动态时报的内容加以解释。

目 录

Chapter 04 眷世

我不完美，我很平凡，有时很厌世，但我仍依恋这个世界

Chapter 05 迷眩

在这个真真假假的世界里，我慢慢迷失了自己

以为读的是科学

:

其实是人生

Chapter 01

癫狂

人不青春枉少年，
回顾喜恋的甘与苦

01 不确定性原理

f 　搜寻人、地点和事物　🔍　　　　☀ 一奈米的宇宙　　👥 💬12 🌐5

海森堡 😨 觉得女人心，海底针。
85年前 · 🌐

所有女人的心就像是电子的位置，
我永远不知道女人下一秒的心情。

😨 呜　💬 留言　➤ 分享

👍😨 你、玻尔、爱因斯坦和其他128人

玻尔 孩子，你再帮坏人做原子弹，就绝交！
赞 · 回复 👍415 · 85年前

　　费恩曼 ++
　　赞 · 回复 👍91 · 85年前

　　爱因斯坦 ✓ ++
　　赞 · 回复 👍1284 · 85年前

　　回复……

留言……

👤 关于人生

那天不小心跟朋友混太晚，回到家的时候已经快12点了，我已经抱着必死的心态想该怎么安抚女友，没想到一打开门，女友竟然笑眯眯拿着新买的衣服跟我分享。但另一天，我只是瘫坐在沙发上玩电动，女友却大发雷霆开始跟我吵架，可是我没有做错什么事呀，我想我永远不会懂女生在想什么……

📗 一奈米教室

"海森堡不确定性原理"，在量子力学系统中，一个运动粒子的位置和它的动量不可被同时确定，位置的不确定性（Δx）和动量的不确定性（Δp）是不可避免的，这两个值的乘积永远不会小于（$h/4\pi$）（h 为普朗克常数），这些误差对于人类来说虽然很微小，但是在原子研究中却不能忽略。

由于电子的位置仅能用概率的函数来表示，因此，人无法准确预测下一秒电子的位置。

f 搜寻人、地点和事物 🔍 ⬛ 一奈米的宇宙 👥 💬12 🔔5

维尔纳·海森堡
Werner Heisenberg

✓朋友 ▾ ✓追踪中 ▾ 💬发讯息 ▾

动态时报　关于　朋友　相片　更多

⚓ 简介

🏢 在莱比锡大学担任教授

📞 著有《量子论的物理学原理》

🔔 朋友

马克斯·玻恩　阿诺·索末菲　威廉·维恩

中文 · English(US) · Espanol ·
Portugues (Brasil) · Francais (France)

　　　＋

海森堡 😖 觉得身不由己。
85年前 · 🌐

美国那帮人都霸凌我

👍赞　💬留言　↗分享

👍 你、希特勒和其他916人

　留言……

海森堡
85年前 🌐

老板没人性害我没朋友

维尔纳·海森堡 (Werner Heisenberg)

1901.12.5—1976.2.1   出生于德国

海森堡是物理学家，也是量子力学重要的奠基者之一，并提出了著名的"海森堡不确定性原理"。

海森堡在1920年前往慕尼黑大学学习物理，后来转学到格丁根大学跟随马克斯·玻恩（Max Born）学习（玻恩是1954年诺贝尔奖得主）。1924年获得了一笔奖学金，让他得以与哥本哈根大学的物理系主任，也是当时颇负盛名的尼尔斯·玻尔（Niels Bohr）一同展开研究，研究内容大部分人可能没听过，但却是后来量子力学根基的"矩阵力学"。

这只是开始，紧接着在1927年，海森堡发表了举世闻名的"海森堡不确定性原理"，让过往发展千年的古典物理学摇摇欲坠，开启了近代物理学的篇章。"海森堡不确定性原理"就是指你永远无法同时精准地确定粒子的位置与动量。海森堡曾想用比较浅显的例子说明：想知道粒子特别精确的位置就得用波长更短的光来"照射"，然而波长越短能量就越强，也就更会改变粒子的动量，所以永远都会顾此失彼（当然不尽正确）。

玻尔也帮忙协助海森堡修正他的论述："这样的解释等于承认粒子有客观的位置和动量，只是我们无法精确测量出来；如此一来还是未脱古典物理的观念,事实上,原本就没有精确的位置与速度,所以粒子才有波粒二象性。"海森堡这才了解不确定性并非测量的误差,而是万物的本质。问客观事实是什么毫无意义,只有观测者所量得的结果才有意义。

1932年,海森堡因为"创立量子力学以及由此导致的氢的同素异形体的发现"而荣获诺贝尔物理学奖。他对物理学的主要贡献是提出了矩阵力学、不确定性原理、S矩阵理论。他的著作《量子论的物理学原理》更是量子力学的经典书籍,对人类现代的发展功不可没。

"二战"期间,海森堡成为纳粹德国研发原子弹的领导人,"所幸"研制失败,他也因为协助德国研发武器,许多原本与他交好的科学家纷纷与他绝交。但即便如此,仍无损他是一位伟大科学家的事实。

02 催化剂

搜寻人、地点和事物　　　一奈米的宇宙

永斯·贝吉里斯
2小时前

早餐店的奶茶就像催化剂，
大便的产量不变，但会加快肠胃反应速度。

👍 赞　　💬 留言　　➤ 分享

😠 早安美芝城和其他398人

Trivago 找厕所？
赞·回复 👍215 · 2小时

　　Airbnb 楼上智障
　　赞·回复 👍152 · 1小时

　　回复……

麦香 麦 My Dear friend ❤
赞·回复 👍191 · 32分钟前

　　永斯·贝吉里斯 红茶亦可，半杯见效
　　赞·回复 👍97 · 10分钟前

　　回复……

👤 关于人生

在楼下巷口的早餐店吃了十几年,早餐店阿姨都已经知道我喜欢吃什么了:培根蛋饼与大杯冰奶茶。这家早餐店的分量就跟阿姨一样生性豪迈,好喝的大杯冰奶茶不只令人魂牵梦萦,还能保证肠胃的有效蠕动——早餐店的大杯冰奶茶堪称最完美的肠胃催化剂。

📋 一奈米教室

催化作用是利用催化剂来改变反应速率的方法,因此许多化学工业会在化学反应中加入催化剂来加快反应速度以节省时间成本(例如,著名的哈柏法制氨)。催化剂在反应过程中不会被消耗,只会改变反应速率。

f 搜寻人、地点和事物 🔍   ▦ 一奈米的宇宙 👥 💬⁸ 🌐²⁰

永斯·贝吉里斯
Jöns Berzelius

✓朋友 ⌄ ✓追踪中 ⌄ 💬 发讯息 …

动态时报　　关于　　朋友　　相片　　更多

🔽 **简介**

🕐 生于1779年8月20日

📍 在瑞典担任男爵

🏛 在斯德哥尔摩大学担任教授

👥 **朋友**

卡尔·林奈　克拉普雷特　约翰·道尔顿

📷 **相片**

中文 · English(US) · Español ·
Portugues (Brasil) · Français (France)

＋

永斯·贝吉里斯 😤 在寻找厕所。
202年前 · 🌐

又在肚子痛了……

😢 呜　💬 留言　➤ 分享

👍😢 你、道尔顿和其他916人

道尔顿 美芝城吃不腻？？？
赞·回复 👍312 · 202年前

留言

永斯·贝吉里斯 😵 觉得人生好难。
195年前 · 🌐

实验室的学生成功合成尿素，
打脸了我信奉一生的活力论……

永斯·贝吉里斯　(Jöns Berzelius)

1779.8.20—1848.8.7　　　　　　　　　　　　　　　　出生于瑞典

　　贝吉里斯是当代非常重要的化学家，除了发现多种化学元素如铈、硒、硅和钍等，还成功测定了当时几乎所有已知化学元素的原子量，同时提出了同分异构体、聚合物、同素异形体、催化等重要化学术语。因此贝吉里斯被尊称为"瑞典化学之父"，是现代化学发展的关键人物之一。

　　贝吉里斯在大学时主修医学，但他某天意外发现学校的化学教授约翰·阿夫塞柳斯（Johann Afzelius）不会留在实验室里监视学生，于是贝吉里斯便偷偷跑到实验室里进行各种实验，包含课本上提到的内容或者是灵光一闪的想法，也因此开始对化学产生浓厚兴趣。阿夫塞柳斯知道后，不但没有责备贝吉里斯，反而鼓励他以正常的途径使用实验室。

　　到了1807年，贝吉里斯已是医学外科学院的教授，随着法瑞战争的爆发，医学外科教授的地位被视为与军官相同，薪水更是直接跳了两倍。不久，贝吉里斯又成为斯德哥尔摩大学的化学系教授。

　　在道尔顿（见后文**09原子说**）提出倍比定律后，贝吉里斯认为现存数据的精准度并不足以使理论应用于现实状况，因此他花了10多年的时间大量测定各种原子量与分子量,并在1818年发表了研究成果,之后又在1826年更新更准确的实验数据,可以说贝吉里斯间接测定了当时所有已知的化学元素的原子量。

贝吉里斯本身是"活力论"的信奉者。活力论指出,一般生命体有着非生命体所缺乏的"生命力",因此不可能在实验室中由人工合成有机分子。但这个理论随着贝吉里斯的学生维勒(见后文**36同分异构体**)成功合成出尿素后开始瓦解。

贝吉里斯也是第一个把催化视为自然界一种广泛现象的学者。他发现有些物质可以在其他物质上进行与后者化学亲和力很不同的反应,从而导致后者分解和重组,自己却没有出现变化。他进而提出了"催化力"的概念,并把这样的反应称为"催化"。

03 洪德定则

| f 搜寻人、地点和事物　🔍 | ☀ 一奈米的宇宙 👥 💬2 🔲4 |

洪德
107年前 · 🌐

一个人坐公交车其实符合洪德定则，
总是没有双人空位的时候才会坐在别人旁边。

😆 哈　💬 留言　➤ 分享

👍😆 你、泡利、玻尔和其他2366人

泡利 但是在公交车上男生和男生就会先坐在一起呀
赞 · 回复 👍423 · 107年前

　玻尔 公交车上的人也不会从最后面坐到最前面哪
　赞 · 回复 👍916 · 107年前

　洪德 烂公交车
　赞 · 回复 👍94 · 107年前

　☀ 回复……

☀ 留言……

👤 关于人生

上公交车后发现每排靠窗的位置都已经有人，不死心往最后一排走去，终于看见有一个位置是空的，我松了一口气，满足地坐下来，心里觉得真是幸运。说不上来为什么，搭公交车就喜欢一个人靠窗。

📗 一奈米教室

物理学家洪德发现，当电子填入数个同副壳层中的同形轨域，会先以相同自旋并以半填满的方式填入同形轨域，等到所有同形轨域都有一个电子之后，剩下的电子才会以相反的自旋填入剩下的空位。

你可以想象有三种不同线路的公交车分别称作s、p、d路线（类似副壳层的概念），每一排座位有两张相邻的椅子，并规定s路线公交车只有一排座位，p路线只有三排座位，d路线只有五排座位（类似同行轨域的概念），乘客就像电子，会经常挑选空的那排坐，等到没得选了，才和其他乘客比邻而坐。

f 搜寻人、地点和事物 🔍 一奈米的宇宙 💬 2 🗨 4

弗里德里希·洪德
Friedrich Hund

✓朋友 ▾ ✓追踪中 ▾ 💬发讯息 …

动态时报　关于　朋友　相片　更多

ⓥ 简介

- 🕐 1896年2月4日出生于德国
- 🚂 1926年发现量子穿隧效应
- 🏛 1946年在耶拿大学担任教授
- 🏛 1943年获得马克斯·普朗克奖章

👥 朋友

薛定谔　狄拉克　维尔纳·海森伯

玻恩

中文 · English(US) · Espanol ·
Portuguese (Brasil) · Francais (France)

➕

洪德
106年前 · 🌐

如果我能像电子那样，
"咻"的一声隧穿到隔壁超市该有多好。

👍赞　💬留言　➤分享

👍 你、薛定谔、海森伯和其他18人

薛定谔 坚持啊兄弟，撞个 10^{35} 次，总是有机会的。
赞·回复 👍29 · 3小时

💬 留言……

洪德 😊 觉得神奇。
107年前 · 🌐

有时候电子行为和我们还是挺像的，
尤其是男士上小便斗的情形。

👍赞　💬留言　➤分享

👍 你和其他10人

💬 留言……

弗里德里希·洪德　(Friedrich Hund)

1896.2.4—1997.3.31 　　　　　　　　　　　　　出生于德国

　　洪德是德国物理学家，以原子、分子物理而闻名。在德国马堡和格丁根大学修完数学、物理和地理后，洪德在1925年担任格丁根大学的理论物理学讲师，之后的30余年周游各大学担任教授，最后还是回到了格丁根大学任教。这期间他曾与玻尔在美国哈佛大学教授原子物理，教学生涯相当精彩。

　　洪德的研究成果有很多，除了发表过250余篇论文和文章外，还在理论量子物理领域贡献良多，特别是关于原子结构及分子光谱的研究，此外他曾是国际量子分子科学院的成员。1926年，洪德发现量子隧穿效应，并于1943年获得马克斯·普朗克奖章（Max-Planck-Medaille）。

　　洪德提出分子角动量耦合的"洪德情况"，与主导电子分布的"洪德规则"，二者在光谱学和量子化学都是非常重要的原则。在化学中，第一条洪德规则特别重要，通常被称为"简单洪德规则"。

04　泡利不相容原理

f 搜寻人、地点和事物　🔍　　☀ 一奈米的宇宙　👥 💬⁴ 🌐²⁵

泡利
72年前 · 🌐

坐公交车其实也符合泡利不相容原理呀！
如果整辆公交车只剩下一堆男的旁边有座位，我宁可走路。

😄 哈　💬 留言　➤ 分享

👍😄 你、爱因斯坦和其他913人

洪德 你个变态
赞·回复 👍26 · 72年前

爱因斯坦 ✔ 色即是空啊小兄弟
赞·回复 👍8964 · 72年前

　泡利 呃……但是你……
　赞·回复 👍92 · 72年前

　爱因斯坦 ✔ 你闭嘴
　赞·回复 👍4143 · 72年前

　回复……

☀ 留言……

👤 关于人生

小学的时候旁边坐的都是女生，那时候觉得真是讨厌，谁要跟她们一起玩，一定要在桌子正中间画上一条很直的线，谁都不能超过谁的地盘。等到高中念了三年男校，大学又念了一所如同男校的学校，才知道旁边可以坐一个女生是多么珍贵的事（此为真人真事）。

📗 一奈米教室

泡利不相容原理指出：一个原子中的任何电子，彼此在原子轨域的四个量子数不会完全一样。我们知道一个轨域中最多能填入两个电子，因此根据泡利不相容原理，这两个电子即使主量子数 n、副量子数 l 及磁量子数 m_l 都一样，它们的自旋量子数 m_s 必定不同（一个是 +1/2，另一个是 −1/2）。换句话说，"在同一轨域中仅能填入两个自旋方向相反的电子"。

打个比方，在一个原子里，每一个电子都带着独一无二的名牌，上面分别写着主量子数 n、副量子数 l、磁量子数 m_l 及自旋量子数 m_s，并表示成（n,l,m_l,m_s），若任意取两个电子，我们不可能在它们身上找到两组数字一模一样的名牌。

搜寻人、地点和事物

一奈米的宇宙

沃尔夫冈·泡利

Wolfgang Pauli

✓朋友 ✓追踪中 发讯息 ···

动态时报 关于 朋友 相片 更多

简介

- 毕业于慕尼黑大学
- 在苏黎世工业大学担任教授
- 1945年获得诺贝尔物理学奖
- 1958年获得马克斯·普朗克奖章

朋友

中文 · English(US) · Espanol · Portugues (Brasil) · Francais (France)

隐私政策 – 使用条款 – 广告 – Ad Choices – Cookie – 更多

Facebook © 2017

泡利 觉得此生已无憾。

90年前 ·

妈，我在这儿!

赞 留言 分享

你、爱因斯坦和其他1974人

留言……

泡利

92年前 ·

沃尔夫冈·泡利　(Wolfgang Pauli)

1900.4.25—1958.12.15　　　　　　　　　出生于奥地利

　　泡利是来自维也纳的物理学家,同时也是量子力学奠基者之一。他在求学期间进入了慕尼黑大学就读,并遇上人生的贵人兼严师——索末菲(Arnold Sommerfeld)。索末菲指导泡利研究关于电离化氢分子的量子力学理论,同时要求泡利撰写关于整理归纳"相对论"的文章。泡利花了大量心血在这份文章上,一直等到了博士班毕业两个多月后才完成,这份230页的报告,获得爱因斯坦(见后文**18相对论**)极高的赞赏,后来更直接出版成书,成为理解"相对论"非常值得参考的文本。

　　但泡利最为人所知的是他在1924年所提出的"泡利不相容原理"。该原理主要说明了在同样一个原子中的任意两个电子不会有完全一样的四个量子数。

　　1945年,泡利因为提出了泡利不相容原理而被爱因斯坦提名,并成为该年诺贝尔物理学奖得主。1958年,再获颁马克斯·普朗克奖章。然而,获奖不久后的泡利却在同年因为胰腺癌而逝世。

　　终其一生都致力于研究的泡利,在医院的病房房号是137,据说有一天助手去探望他,泡利还询问助手:"你看到这间病房的号码了吗?"因为泡利到死前都还在思考为什么精细结构的常数会近似于1/137。

05　楞次定律

---

f　搜寻人、地点和事物　🔍　　☀ 一奈米的宇宙　👥　💬² 🌐²⁴

楞次 😣 觉得心情低落。
175年前 · 🌐

笨……笨蛋！我叫你不要理我你就真的不理我了吗？……
要是真的讨厌你的话我才不会跟你讲话呢！

😢 呜　💬 留言　➤ 分享

👍😊 你、法拉第、尼采和其他156人

法拉第 傲娇人发明傲娇理论？
赞 · 回复 👍850 · 55分钟

尼采 人而无傲娇，犹生活中无太阳。
赞 · 回复 👍190 · 46分钟

沙士比业 与傲娇伴，路遥不觉远。
赞 · 回复 👍205 · 7分钟

楞次 烦死了！烦死了！烦死了！
赞 · 回复 👍8 · 刚刚

☀ 留言……

👤 关于人生

为什么你总是不懂呢？我说不要的时候就是要，我说要的时候就是不要，有时候要就是要，不要就是不要哇！我要你不理我，你就真的不理我了，可是我只是想要你主动一点，快一点告诉我你喜欢我，因为我已经喜欢上你了。

📗 一奈米教室

楞次定律指出，若原有的磁场之磁通量发生变化，就会产生一个抵抗原磁场变化的感应磁场。

想象眼前右边有一个磁铁、左边有一个金属线圈，且磁铁N极垂直对着线圈中心，根据安培右手定则，磁场方向为S极指向N极，故磁场方向向左。若将磁铁慢慢地靠近线圈，对于线圈来说，磁铁N极的靠近表示通过它自己的磁通量变多了，因此线圈靠近磁铁的地方会产生一个N极的感应磁极，离磁铁比较远的地方则产生S极的感应磁极，整个感应磁场方向向右，目的正是抵抗磁通量的增加。

f　搜寻人、地点和事物　🔍　　　　▢ 一奈米的宇宙　　👥 💬 2 🌐 24

海因里希·楞次
Эмилий Христианович Ленц
✓ 朋友 ▾　✓ 追踪中 ▾　💬 发讯息　⋯

动态时报　　关于　　朋友　　相片　　更多

🌐 简介

🕐 1804年2月24日出生于爱沙尼亚

🏛 在圣彼得堡大学担任校长

🚗 撰写《物理指南》

👥 朋友

安培　　法拉第

中文 · English(US) · Espanol ·
Portugues (Brasil) · Francais (France)

楞次 😣 觉得烦死了。
175年前 · 🌐

讨厌讨厌讨厌明明是我先发现的!

👍 赞　💬 留言　➤ 分享

👍 你、安培、法拉第和其他240人

安培 焦耳定律……?
赞 · 回复 · 👍 408 · 175年前

楞次 哼!我才不在乎呢!
赞 · 回复 · 👍 1855 · 175年前

▢ 留言……

海因里希·楞次 (Эмилий Христианович Ленц)

1804.2.24—1865.2.10　　　　　　　　出生于俄国（今爱沙尼亚）

　　物理学家楞次以"楞次定律"而闻名。楞次在父亲过世之后，家道中落，但他仍然以优秀的成绩考取了德尔帕特大学，顺利完成了学业，也成功在圣彼得堡大学担任科学助理，成为院士，后来还成为校长。1851年到1859年，他成立了中心师范学院物理学教研室，大幅度提高了大学物理教学的水准，同时改组了物理数学系。

　　楞次在读大学的时候就开始研究电磁感应现象，在法拉第（Michael Faraday）发现并归纳了电磁感应现象后，加速了楞次对于电磁感应的理解与研究。在当时就有不少"手势"可以协助人判断磁场与电流的方向，然而却一直没有整理出能够确定产生感应电流的方向定则。直到1833年楞次总结了安培（André Marie Ampère）电动力学与法拉第的电磁感应现象后，提出了感应电动势。该理论是阻止产生电磁感应的磁铁或者线圈的移动（也就是维持电磁现象的能量守恒定律，后来被德国物理学家证明出来），这个发现也让楞次一炮而红，其结论被刊登在《物理学和化学年鉴》上。

　　1831年，楞次继续他的电磁感应研究，开始针对电磁感应的现象进行定量研究，并首度确定了线圈当中的感应电动势等于每一匝线圈中的电动势之总和，与所使用的导线粗细以及种类并没有关系。多年后，楞次发表了以楞次定律来解释电动机与发电机的转换原理。

1842年，楞次确定了电流与其所产生的热量转换关系，时间上甚至比焦耳（James Joule）还早（也就是后世所称的"焦耳定律"，焦耳定律也被称为"焦耳−楞次定律"）。楞次在电磁领域的贡献还包含研究不同金属的电阻率、温度与电阻之间的关系等。

1864年，楞次罹患眼疾而辞去教职，隔年因脑出血而逝世。

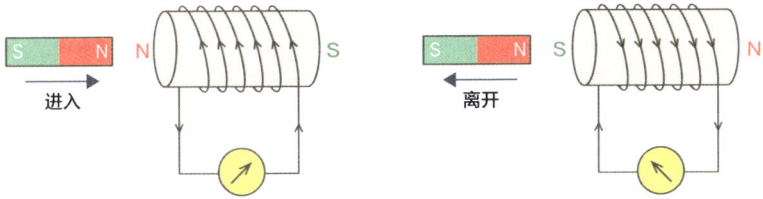

楞次定律示意图

06 灯泡

f　搜寻人、地点和事物　🔍　　　☀ 一奈米的宇宙　　💬2　🌐11

爱迪生
138年前 · 🌐

你是我的灯泡，
就算失败999次，
我也会试到，那成功的一次，点亮你，在我的星空。

❤ 大心　💬 留言　➤ 分享

👍❤ 你、约瑟夫·威尔森·斯旺、亨利·福特和其他109人

 约瑟夫·威尔森·斯旺 汉弗里·戴维 亨利·戈培尔 约斯特 发明灯泡
我们都有功劳，为啥就你一个人红？
赞 · 回复　👍96 · 138年前

　　爱迪生　因为是我开公司卖吟 呵呵
　　赞 · 回复　👍52 · 138年前

　　回复……

留言……

🔵 关于人生

尽管他们都说这只是一个反复失败的过程，我却觉得这是一个浪漫的爱情故事。从第一眼见到你的时候我就喜欢上你了，但你却好像没发现我，我总是刻意在你会出现的地方制造巧遇，透过你的朋友知道你喜欢什么。你知道也好，不知道也罢，我会努力到你看得见我的那天。

🟢 一奈米教室

一般人都认为最早的电灯泡是由美国人爱迪生发明的，然而事实上于爱迪生之前就有人发明了在真空下用碳丝通电的灯泡，爱迪生买下此项灯泡专利后，在这个基础上投入了大量的心血进行改良，并加以推广，最终才获得了"电灯泡之父"的美名。

现今常见的电灯泡有诸多类型，例如，白炽灯、卤素灯泡、钠灯、LED灯（以发光二极管为核心器件的灯具）等，原理都是将电能转化为光能，最常见的白炽灯则是利用电流把通常以钨制成的灯丝加热到白炽状态后而发出光亮的。

f 搜寻人、地点和事物 🔍 一奈米的宇宙 👥 💬² 🌐¹¹

爱迪生
Thomas Alva Edison

☑ 朋友 ▾ ☑ 追踪中 ▾ 💬 发讯息 …

动态时报　关于　朋友　相片　更多

🔵 **简介**

🕐 在**美国**担任超级发明家

▧ 在**通用电气公司**担任创办人

▧ 曾住在**佛罗里达州**

👥 **朋友**

中文 · English(US) · Espanol ·
Portugues (Brasil) · Francais (France)

＋

爱迪生 😣 觉得衰。
138年前 · 🌐

在火车上做实验错了吗？

👍 赞　💬 留言　➤ 分享

👍 你、南西·马修斯·艾略特、贝尔和其他27人

南西·马修斯·艾略特 儿子，但你实验制作的是火药==
赞·回复 · 👍438 · 138年前

留言

爱迪生 😆 觉得笨。
138年前 · 🌐

听说波兰人换灯泡需要三个人，

一人拿着灯泡插入，

另外两人就旋转第一个人所站的梯子。

爱迪生 (Thomas Alva Edison)

1847.2.11—1931.10.18　　　　　　　　　　　出生于美国

爱迪生是闻名遐迩的美国大科学家、大发明家,同时也是资本雄厚的企业家。他手上握有高达千余种专利,其中包含最开始的灯泡。他是世界上第一个使用大量生产、大量工业研究来进行发明与创造的人。

爱迪生出生于俄亥俄州,小时候身体不好,接受学校教育比较晚。爱迪生因为常常提出老师无法回答的问题,也时常质疑老师所教导的当时认为天经地义的知识,成了老师眼中的问题学生。爱迪生的母亲毅然决然将他带回家亲自为他上课,也鼓励他亲手做实验,观察理论跟实物的差别。从这一刻开始,爱迪生变成疯狂的"实验魔人",启发了强烈的好奇心与敏锐的观察力,母亲全心全意的支持,让爱迪生展开了截然不同的人生。

有则关于爱迪生的趣闻,说爱迪生曾经在火车上当送报童,然而却在打工期间尝试制作火药——从现在的角度来看,他根本就是恐怖分子。当时火车管理员重重打了爱迪生一记耳光,造成他日后的重听。

1869年,爱迪生取得人生第一个专利——电子投票计数器。1877年的留声机专利则让他声名大噪,与之而来的机会就是隔年爱迪生与一些纽约投资人与金融家合资成立了爱迪生电灯公司，并在1879年首次展示了他的白炽灯泡。不过关于灯泡的起源与专利却有许多争议，也让爱迪生陷入数场官司之中。

爱迪生一生发明无数，诸如留声机、电灯、活动电影摄影机、直流电力系统等不胜枚举，光在美国，爱迪生名下就拥有1093项专利，如果再把他在欧洲的专利算进来的话会超过1500项，他的发明至今仍然深深影响着我们的日常生活。

爱迪生的门罗帕克实验室/维基百科

07 平行线、交线

f 搜寻人、地点和事物 🔍 ☀ 一奈米的宇宙 👥 💬3 🌐25

欧几里得
公元前270年 · 🌐

你说我跟你就像平行线，
这辈子永远没有相交的机会；
但我更害怕的是我跟你是交线，
在短暂的相遇以后便渐行渐远。

😢 呜　💬 留言　➤ 分享

👍😢 你、莱布尼茨、斜率和其他52人

　欧几里得 但愿我和你的斜率相差小一些，这样就可以分离得
　慢一点……
　赞·回复 👍19 · 公元前270年

　斜率 不会追女生也要怪到我这里
　赞·回复 👍105 · 公元前270年

　莱布尼茨 积分变成曲线不就得了
　赞·回复 👍305 · 307年前

　☀ 留言……

人一辈子会和数不清的人擦肩而过，多数人如同平行线，只是悄悄经过身边，没有一句寒暄，这并不让人觉得可惜，可惜的是那些不只经过身边，还在人生中陪自己走了一段路，但此刻却不再熟悉的人。你离开了，他也越走越远。

📋 一奈米教室

"平行"是用在几何上的术语，在二维平面彼此不会相交的两条直线，或者在三维空间当中彼此不会相交的两个平面，它们之间就是相互平行。

而"相交"是指在二维平面彼此相交于一点的两条线，或在三维空间中彼此相交于一线的两个平面，它们就是相交的。

比较少听到的是"异面直线"。异面直线只存在于三维空间，指的是两条直线既不平行也不相交的现象，且这两条直线不会存在于同一个平面。

搜寻人、地点和事物

一奈米的宇宙

欧几里得
Ευκλειδης

✓朋友 ▾ ✓追踪中 ▾ 发讯息 ⋯

动态时报　关于　朋友　相片　更多

简介
- 在古希腊担任数学家
- 关系 几何学的爸爸

朋友
托勒密一世　阿波罗尼奥斯

相片

中文　English(US)　Español
Portugues (Brasil)　Français (France)

隐私政策 – 使用条款 – 广告 – Ad Choices – Cookie
– 更多 ▾
Facebook © 2017

欧几里得 觉得烦恼。
西元前270 ·

到底怎么用尺跟圆规画出正十七边形？！

👍赞　💬留言　↗分享

你、几何、等腰三角形和其他1422人

高斯 我这不就来了！😎
赞·回复 · 👍4125 · 206年前

留言

欧几里得 😎 觉得父子关系良好。
西元前270 ·

几何是我儿子，没有我不会的几何问题！

欧几里得 (Ευκλειδης)

公元前325—公元前265年

欧几里得是古希腊数学家,拥有"几何学之父"的尊称。但他的生平记录大部分已经逸失,后人仅能透过拼凑来推测。

欧几里得著有《几何原本》,全书共13卷,部分内容其实来自其他数学家,然而欧几里得最大的贡献在于他汇集整理了过去几百年的数学文献,并进行了严谨考证。他一丝不苟的证明精神,也成为后世2000多年来数学家的典范。

《几何原本》可说是整个古希腊几何数学的巅峰之作,奠定了欧洲数学的基础,让数学从此成为一门有系统、有架构的学问。虽然《几何原本》主要讨论几何学的问题,但欧几里得同时也提到了数论、无理数等基础数学概念,不仅日后的几何学、数学、科学,就连西方世界整个逻辑思维都受其影响。

欧几里得也研究关于透镜、圆锥曲线、球面几何等领域。除了《几何原本》之外,欧几里得至少有另外5本著作流传至今,分别是:《给定量》《现象》《反射光学》《光学》《图形的分割》。

08 ATP

f 搜寻人、地点和事物 🔍 ☀ 一奈米的宇宙 👥 💬10 🌐4

罗曼
55年前 · 🌐

梦想是我的ATP，
每当我感到绝望，想要放弃的时候，
总是给我再度站起来的能量。

😮哇 💬留言 ➤分享

👍😮 你、罗曼和其他1955人

女高中生 **成绩是我的ATP！**
赞 · 回复 👍128 · 1天前

女大学生 **韩剧是我的ATP！**
赞 · 回复 👍778 · 6小时

男大学生 **女高中生是我的ATP** ❤
赞 · 回复 👍865 · 2小时

☀ 留言……

　　梦想之所以为梦想，就是因为它让人连做梦都会强烈渴求着，但在你醒着的时候，现实却会以各种不同的面貌教会你这个社会有多残酷。你会在崎岖不平的路上不断跌倒，会被这个社会狠狠甩几巴掌，会有很多不相信你的眼光看向你，你很可能就此丧志。但这些都没关系，只要是走在梦想的路上，就算只是蹒跚的半步，也就够了。

📗 一奈米教室

　　ATP，即三磷酸腺苷（adenosine triphosphate），在生物化学中是一种核苷酸，作为细胞内能量传递的"分子货币"，储存和传递化学能。在所有生物中，从细菌、霉菌一直到高等动植物，包括人类在内，ATP都是扮演能量的运储者。ATP借着生物细胞内养分的燃烧形成，而后被生物体用于合成细胞物质、肌肉收缩、神经信息传递及其他多种生理反应，所以ATP才被称为"细胞的能量货币"——也就是说：凡是需要能量的，就必须使用ATP。

　　ATP由腺苷和三个磷酸基所组成，化学式为$C_{10}H_{16}N_5O_{13}P_3$，分子量为507.184。1929年，德国化学家罗曼首先发现ATP分子。

f 搜寻人、地点和事物 🔍   一奈米的宇宙

卡尔·罗曼
Hans Karl Heinrich Adolf Lohmann

✓朋友 ▾ ✓追踪中 ▾ 💬发讯息 ⋯

动态时报   关于   朋友   相片   更多

🕐 **简介**
- 🏛 在柏林洪堡大学担任教授
- ☎ 获得亥姆霍兹奖章

👥 **朋友**

奥托·瓦尔堡

中文 · English(US) · Espanol ·
Portugues (Brasil) · Francais (France)

隐私政策 – 使用条款 – 广告 – Ad Choices – Cookie
– 更多·
Facebook © 2017

罗曼 😎 觉得充满动力。
55年前 · 🌐

每天早上叫醒你们的也是梦想吗?

👍赞   💬留言   ➤分享

👍 你、拉普拉斯、拉格朗日和其他276人

普朗克 是闹钟
赞·回复 👍438 · 3小时

爱因斯坦✓ 是美丽的秘书 ❤
赞·回复 👍3.8万 · 2小时

伦琴 是辐射
赞·回复 👍915 · 34分钟

留言

卡尔·罗曼 (Hans Karl Heinrich Adolf Lohmann)

1898.10.4—1978.4.22   出生于德国

罗曼在1924年于明斯特大学取得化学学士学位后，1931年又到了海德堡大学学习医学，4年后获得了医学博士学位。

随着第二次世界大战落幕，罗曼在德国柏林洪堡大学医学院担任老师，并在1946年协助洪堡大学重新开放入学。隔年，罗曼在柏林与奥托·瓦尔堡（Otto Warburg）等其他著名的德国科学家一同成立了德国科学院医学与生物研究所，随即担任了该所的生物化学系系主任长达10年之久，后来更晋升为生物化学研究所所长。

1929年，罗曼在实验中发现了三磷酸腺苷（ATP），也就是人体产生能量的原料，同时开发了分离ATP与测定生物组织ATP含量的方法，并提出"罗曼反应"——通过肌酸激酶的催化，使得含有高能量的磷酸键ATP被转移到肌酸，形成肌酸磷酸。

除了在生物学界的研究贡献之外，罗曼也获得了相当多的殊荣，于1978年获得亥姆霍兹奖章。

Chapter 02

坚毅

人生不如意十之八九，

却求一个拼命追求的目标

09　原子说

f　搜寻人、地点和事物　🔍　　　✳ 一奈米的宇宙　　👥　💬⁹　🔔⁶

道尔顿
232年前 · 🌐

努力就像原子一样，
是一切成功的组成。

😮 哇　💬 留言　➤ 分享

👍😮 你、卢瑟福、查德威克和其他896人

默里·盖尔曼 最小组成是夸克吧……
赞 · 回复 · 👍491 · 3小时

　道尔顿 你才夸克 你全家都夸克
　赞 · 回复 · 👍263 · 3小时

　一奈米的宇宙 卡，鸡排要切不要辣
　赞 · 回复 · 👍83 · 1小时

　✳ 回复……

✳ 留言……

👤 关于人生

大多数成功的作家都有一个共通的特点，就是他们会坚持每天写作，不论当天有没有灵感，或是写得好不好。要做好一件事最重要的就是持续不断地努力，要获得成功也是一样，必须付出扎实而且长时间的努力，才有机会成功。

📗 一奈米教室

道尔顿于19世纪初率先提出了"原子是所有物质组成的最小单位"来解释化学中各种现象。19世纪末到20世纪初，汤姆孙（Joseph John Thomson）、查德威克（James Chadwick）、卢瑟福（见后文**28原子模型**）等科学家则从一系列实验结果发现：原子实际上是由电子、质子和中子组成的，且这些粒子可各自独立存在。

发现原子可再被分割成不同粒子时，科学家随即利用新术语"基本粒子"来描述组成原子的成分。20世纪上半叶，伴随着对于原子结构更深入的认识，以及物理学界的量子革命，现代原子理论模型便逐步建立起来。

f 搜寻人、地点和事物 🔍   ▦ 一奈米的宇宙   👥 💬⁹ 🌐¹⁶

努力就像原子一样，是一切成功的组成
Persistance makes Perfection

——道尔顿

约翰·道尔顿
John Dalton

✓朋友 ▾   ✓追踪中 ▾   ✉发讯息   …

动态时报   关于   朋友   相片   更多

🌐 **简介**

🕐 1766年9月6日出生于**英国**

▣ 在英国担任**化学家**、**物理学家**

▣ 在**曼彻斯特新学院**
担任数学和自然哲学教师

👥 **朋友**

詹姆斯·焦耳   威廉·亨利

📷 **相片**

中文 English(US) Espanol.
Portugues (Brasil). Francais (France)   ＋

隐私政策 – 使用条款 – 广告 – Ad Choices – Cookie
– 更多▾

道尔顿 😎 在发现倍比定律。
223年前 · 🌐

Baby Baby Baby哦～～～

👍赞   💬留言   ➦分享

😊 你、詹姆斯·焦耳和其他233人

Justin Bieber ✓ ？？？
赞·回复 👍4.3万·3小时

留言……

道尔顿 😠 觉得大家联合骗我。
224年前 · 🌐

奇怪，史瑞克明明是灰色的啊啊啊！

👍赞   💬留言   ➦分享

😊 你、詹姆斯·焦耳和其他154人

威廉·亨利兄弟那是绿色……
赞·回复 👍438·288年前

留言……

约翰·道尔顿　(John Dalton)

1766.9.6—1844.7.27　　　　　　　　　　　　出生于英国

　　道尔顿是世界级的知名科学家,同时也是近代原子理论的提出者。近代原子理论就是大家耳熟能详的原子说,主要可以分成三部分:

　　一、所有的物质均由不可再切割的微粒组成,而这种微粒称为原子,所有的原子在一切化学的反应当中保持着不可再分的特性(日后科学家陆续发现电子、质子、中子等组成原子的更小微粒)。

　　二、同样一种元素的所有原子,在质量与性质上都相同;而不同元素的原子在质量与性质上都不相同(日后科学家陆续发现同位素等即使是相同元素,质量与性质还是可能不同)。

　　三、不同元素化合时,这些元素的原子按照简单整数比结合成化合物。

　　尽管从现今的科学认知来看,道尔顿提出的原子说有着不少错误,但正由于道尔顿提供了良好的起点,并在后来的科学家如汤姆孙、卢瑟福等人的努力之下,现在的原子模型才能有更完整的描述。

　　除此之外,道尔顿还是历史上第一个被文献记载的色盲。他在1794年10月31日提出了对于"色盲"这一种视觉缺陷的描述，总结他从自己身上还有观察其他人所综合出来的色盲特征，也因此色盲又被称为"道尔顿症"。

道尔顿在1837年后两年内两度中风而失语，但仍然坚持科学研究。

可惜1844年他再度中风。同年7月26日，他用颤抖的手写下了生命最后一篇关于气象的观测记录后于27日与世长辞。

道尔顿原子说修正

学说内容	修正
·所有物质都是由微小的粒子组成的,此微粒称为"原子",原子不可再分割	·原子并非不可分割,而是由电子、质子、中子组成的
·同一种元素的原子,其大小、性质与质量均相同;不同元素的质量则不同	·由于同位素的发现,可知相同的元素不一定有相同的质量 ·由于同量素的发现,不同的元素可能有相同的质量
·不同元素原子间一定是以整数的比例方式来结合成化合物的	
·化学反应时只有原子间会重新排列组合,而原子本身的种类、质量、数目并没有任何变化	·在核反应中,原子会发生变化,旧原子消失,产生另一个完全不同的原子

10　薛定谔的猫

薛定谔
82年前 ·

每张彩票其实都有量子叠加态，
开奖之前不知道是中奖还是不中奖。

😆 哈　💬 留言　➤ 分享

👍😆 你、保罗·狄拉克和其他157人

爱因斯坦 ✔ 上帝竟然连这事都要掷骰子
赞 · 回复 👍4151 · 82年前

保罗·狄拉克 幸好我昨天那张在观测后塌缩成中奖
赞 · 回复 👍15 · 82年前

安娜玛丽　老公你再买彩票试试看
赞 · 回复 👍68 · 82年前

留言······

👤 关于人生

　　他爱上了有两个街区距离的女孩，他们总是乘坐同一班公交车，他酝酿了好久才终于鼓起勇气跟她说话，他们互动越来越频繁，他对女孩的依赖也越来越深，于是他决定跟女孩告白。告白前，他紧张得不得了，他不知道女孩是不是喜欢他，或者女孩会用什么理由拒绝他。当某件事还没有确定以前，我们总是会有一百种可能的假设，在真正揭晓的那一刻前，我们永远不会知道结果。

📗 一奈米教室

　　"薛定谔的猫"是奥地利物理学家薛定谔于1935年提出的思想实验。薛定谔指出了应用量子力学的"哥本哈根诠释"于宏观物体会产生的问题，以及该问题与物理常识之间的矛盾。

　　这个思想实验是假设把一只猫、一只装有氰化氢气体的玻璃烧瓶和放射性物质放进封闭的盒子里。当盒子内的监控器侦测到衰变粒子时，就会打破烧瓶，杀死这只猫。根据量子力学的哥本哈根诠释，在实验进行一段时间后，猫会处于又活又死的叠加态。

f　搜寻人、地点和事物　🔍　　　⬜ 一奈米的宇宙　👥 💬⁸ 🌐¹²

埃尔温 · 薛定谔
Erwin Rudolf Josef Alexander Schrödinger

✓朋友▾　✓追踪中▾　⊕发讯息　···

动态时报　　关于　　朋友　　相片　　更多

📍 简介

🕐 生于8月12日

📍 出生于奥地利 维也纳

👥 朋友

保罗·狄拉克　　弗朗茨·弗利莫耳　　弗朗炖·柯劳什

弗雷德里希·哈瑟诺尔　　安娜玛丽·贝特尔　　马克思·普朗

中文　English(US)　Espanol
Portugues (Brasil)　Francais (France)

＋

隐私政策 – 使用条款 – 广告 – Ad Choices – Cookie
– 更多▾
Facebook © 2017

薛定谔 😫 觉得烦。
82年前 · 🌐

老婆的心情在我回家看到她前也是量子叠加态······

👍赞　💬留言　➤分享

👍 你、弗利莫耳和其他155人

弗利莫耳 兄弟你买彩票又被抓？
赞·回复 ❤41 · 82年前

留言······

薛定谔 😢 觉得可怜。
02年前 · 🌐

箱子里的猫在我脑中死了好多次

👍赞　💬留言　➤分享

👍 你、安娜玛丽和其他158人

安娜玛丽 老公你又做了什么糟糕的实验😭
赞·回复 ❤163 · 82年前

留言······

埃尔温·薛定谔

(Erwin Rudolf Josef Alexander Schrödinger)

1887.8.12—1961.1.4　　　　　　出生于奥地利（奥匈帝国）

薛定谔是理论物理科学家，也是量子力学的奠基人之一。

薛定谔从小就对哲学家叔本华（Arthur Schopenhauer）的作品非常着迷，叔本华的作品启蒙了他对色彩、哲学以及东方宗教的理解。1906年，薛定谔进入维也纳大学学习物理与数学，在4年之后取得了博士学位，开始了在维也纳物理研究所的工作。薛定谔参加过第一次世界大战，并幸运地从那场大战中生还。

1926年，薛定谔在苏黎世大学任教时，提出了相当有名的方程式：薛定谔方程式。他首度利用了波动力学来描述量子力学，这条方程式为量子力学的发展打下扎实的基础。而他著名的思想实验"薛定谔的猫"则是试图证明量子力学在巨观条件下的不完备性。

纳粹在1933年建立纳粹德国后，薛定谔决定移居到英国牛津，并于牛津大学莫德林学院担任访问学者。同年，薛定谔与英国理论物理学家狄拉克（Paul Dirac）共同获得该年的诺贝尔物理学奖，获奖原因是他们发现了薛定谔方程式和狄拉克方程式。

在"二战"结束十多年后，晚年的薛定谔返回维也纳，并持续授课生涯，直到1961年因肺结核而去世。他如愿被埋在阿尔卑巴赫（Alpbach），墓碑上刻着以他命名的薛定谔方程式。

11 氧化还原

f　搜寻人、地点和事物　🔍　　🌸 一奈米的宇宙　　👥　💬7　📷19

氧化还原
3小时前 · 🌐

人生就像氧化还原反应，
在得到什么的同时，也必然会失去些什么。

👍 赞　💬 留言　↗ 分享

👍 你、正极、负极、阴极、阳极和其他332人

苹果 不要再把我变黄了
赞 · 回复 👍48 · 2小时
　衣服 但它都是把我变白耶 😊
　赞 · 回复 👍111 · 1小时
　🌸 回复……

e⁻ 电子 把我丢来丢去很好玩吗？？？
赞 · 回复 👍115 · 32分钟前

🌸 留言……

😊 关于人生

多数非常成功的伟人当他们在回顾一生的时候，总是会感慨当年没多花点时间孝顺父母、陪伴家人，有些人甚至抱着这个遗憾度过余生。其实这都是我们为自己的人生所做出的选择，在获取什么东西的同时，也必然会失去其他东西。

📗 一奈米教室

氧化还原反应，是由氧化反应及还原反应两个半反应组成的。狭义的氧化还原反应中，氧化反应系指元素与氧结合生成氧化物的现象，还原反应则指某氧化物脱去氧生成元素的现象；且氧化还原反应必会同时发生，同时结束。

氧是一种极容易抢电子的元素，故当某元素（或化合物）与氧结合时（如镁的燃烧反应），该元素（或化合物）会失去电子。故广义来说，氧化反应又被定义为"失去电子的反应"，还原反应则被定义为"得到电子的反应"。

f 搜寻人、地点和事物 🔍　　■ 一奈米的宇宙　　🔴8 🔴26

氧化还原
Redox

✓朋友 ▾　✓追踪中 ▾　💬发讯息　⋯

动态时报　关于　朋友　相片　更多

🌐 简介

■ 现居 电池中
■ 担任 电子守门员

👥 朋友

| + 正极 | − 负极 | Cathode 阴极 |
| Anode 阳极 | 锌铜电池 | |

中文 · English(US) · Espanol ·
Portugues (Brasil) · Francis (France)

+

隐私政策 – 使用条款 – 广告 – Ad Choices – Cookie
– 更多▾
Facebook © 2017

氧化还原
8个月前 · 🌐

一下要阳极是正极，
一下又要阳极当负极，
搞得我好乱哪！

😠 怒　💬 留言　➤ 分享

😆 你、阴极、正极和其他1622人

🖼 留言……

氧化还原 😠 觉得生气。
1年前 · 🌐

苹果黄了也怪我，铁器锈了也怪我，
你们有种不要呼吸呀！

氧化还原

氧化还原反应必定同时发生，同时结束。氧化反应，狭义来说就是与氧结合的反应，同时也可以说是失去电子的反应，故反应后氧化数增加。还原反应，其本身会得到电子，故反应后氧化数减少。若反应式中没有出现与氧的结合，就广义上可透过氧化数的增减来判断何为氧化反应，何为还原反应。

另外，在氧化还原反应中还会提到"氧化剂"及"还原剂"：氧化剂具有氧化他人，同时使自己被还原的能力；还原剂则有还原他人，同时使自己被氧化的能力。举例来说，久置于桌上的苹果会渐渐变成黄褐色，就是发生了氧化还原反应：苹果被空气中的氧给氧化了，发生氧化反应，氧在其中扮演氧化剂的角色，因其氧化了苹果；相对地，苹果中的化学分子则作为还原剂，发生还原反应将氧还原。

氧化还原反应也常被应用于电池中，发生氧化反应的被定义为阳极，发生还原反应的被定义为阴极。以锌铜电池为例：锌比铜容易放出电子，故锌为阳极，发生氧化反应；铜则成为阴极，发生还原反应。要补充说明的是，阴极、阳极与正极、负极没有绝对的关系。

12 专一性

f 　搜寻人、地点和事物　🔍　　　　✹ 一奈米的宇宙　👥 💬³ 🌐²⁸

威廉·屈内
141年前 · 🌐

人的天赋就像酶的专一性，
找到你的天职，
就像酶找到那个它唯一可催化的反应。

❤ **大心**　💬 **留言**　➤ **分享**

👍♡ 你、爱因斯坦和其他1276人

薛定谔 真希望选女友不用符合酶的专一性
赞·回复 👍438 · 3小时

　　爱因斯坦 ✓ 同意
　　赞·回复 👍3.2万 · 2小时

　　✹ 回复……

怪兽家长 给我填医科就对了
赞·回复 👍35 · 44分钟

✹ 留言……

👤 关于人生

终于等到这一天，我依序扣上厨师服的纽扣，小心翼翼地戴上厨师帽，踏进梦寐以求的厨房。我知道总有一天我会成为主厨，我会把一生中最难忘的味道带给全世界，所以从过去到现在的每一天、每一步，我都走在成为特级厨师的路途上，那是我的天职，也是这辈子我唯一想做的事。

📋 一奈米教室

生物体内的大分子催化剂被称为"酶"，"酶"绝大多数都是由蛋白质组成的，主要负责细胞内的代谢（如：淀粉酶），也有酶负责DNA的转录、转译（如解旋酶、DNA聚合酶）。酶和大多数催化剂一样，能加快体内化学反应的速率，甚至可以加快到数百万倍，反应前后酶本身不被消耗，也不会使总质量增加或减少。和大多数催化剂最大的不同在于，酶具有强烈的专一性。

专一性，是指特定的酶只能催化一种或几种反应。原因是与酶结合的受质上具有特殊形状，唯有结合位与其形状互补的酶，才能与该受质顺利接上并进行催化反应。

f 搜寻人、地点和事物 🔍 ▢一奈米的宇宙 👥 💬³ 🌐²⁸

威廉·屈内
Wilhelm Friedrich Kühne

✓朋友▾ ✓追踪中▾ ✎发讯息 ···

动态时报　关于　朋友　相片　更多

🌐 **简介**
- 🕐 毕业于 格丁根大学
- 🚗 在 海德堡大学 担任教授
- 📖 瑞典皇家科学院一员

👥 **朋友**

鲁道夫·瓦格纳　卡里奥里希·沃勒　罗素·齐兹登

中文 · English(US) · Español ·
Portuguese (Brasil) · Français (France)

➕

威廉·屈内 😎 觉得骄傲。
141年前 · 🌐

人的一生可以因为发现一件事而伟大，
我发现了"酶"，你呢？

👍赞　💬留言　↗分享

🕐 你、爱迪生、爱因斯坦和其他3112人

▪ **爱迪生** ✓ 留声机、电影摄影机、直流电力系统
赞·回复 👍165万 · 3小時

▪ **爱因斯坦** ✓ 广义相对论、狭义相对论、布朗运动、光电效应、质能等价
赞·回复 👍34万 · 1小時

▢ 留言···

威廉·屈内
141年前 · 🌐

或许我们也不该把天职想得太过浪漫，

为什么你不能既是科学家，又是小提琴家呢？

威廉·屈内 （Wilhelm Friedrich Kühne）

1837.3.28—1900.6.10 出生于德国

屈内因提出"酶"的概念而闻名于世，是19世纪末极具代表性的生物化学家。

屈内就读的大学是格丁根大学，他的老师就是鼎鼎大名的维勒（见后文**36同分异构体**）。屈内一边跟随维勒学习化学，一边学习生理学。毕业后屈内仍不断进修，1863年，屈内为当时德国有名的病理学家菲尔绍（Rudolf Virchow）管理柏林的一家实验室生理部门。5年后屈内便被阿姆斯特丹大学聘为教授，1871年海德堡大学聘用他授课。

屈内在光与视网膜的关系领域研究颇深，关于肌肉与神经的生理生物学以及消化相关的科学也都有所涉猎。1876年，他发现可以消化蛋白质的催化剂——胰蛋白酶。1898年，屈内被任命为瑞典皇家科学院的成员。

1900年，屈内在海德堡过世，他的一生替人类生物生理化学做出了不可磨灭的贡献，替后世的研究者开出了生理研究的先河。

13 傅立叶变换

F | 搜寻人、地点和事物 🔍　　　☀一奈米的宇宙　👥 💬³ 🌐²¹

傅立叶
195年前 · 🌐

当人生遇上难题，套个傅立叶变换吧！
换个频域思考，也许就会有新的方向。

😮 哇　💬 留言　➤ 分享

👍😮 你、牛顿、e^x和其他96人

> **牛顿** ✓ 套个d/dx，让一切变得简单！
> 赞 · 回复 　👍4.8万 · 3小时
>
> > e^x 　嗯？
> >
> > $$\frac{d}{dx}e^x = e^x$$
> >
> > 赞 · 回复 　👍397 · 57分钟
> >
> > **牛顿** ✓ 这个圈子充满了霸凌……
> > 赞 · 回复 　👍1.7万 · 24分钟
> >
> > 回复……

🙂 关于人生

我已经三天三夜困在选填大学志愿的人生难题里了，无论我怎么思考，总是排不出最好的顺序。我喜欢那个学校，但是我又想要念这个系；爸妈希望我选这个学校，别人告诉我那个专业比较好找工作……最后我决定换个方式，把自己当成局外人，理性地列出所有学校的优缺点，依据优缺点的多少来排序，换个思考方式，得出一个好的结果。

📗 一奈米教室

傅立叶转换，是一种线性的积分变换，常被用于信号在时域和频域之间的变换，在物理学和工程学中有许多应用。它的基本思想首先由法国学者傅立叶提出，所以就用他的名字来命名。

举例来说，我们一般对音乐的理解有两种：第一种是随着时间变化的震动；第二种则对玩乐器的人更为直观，也就是乐谱。声音随时间的震动就是音乐在时域的样子，乐谱就是音乐在频域的样子。而傅立叶转换便是将信号在时域和频域之间变换时使用的数学工具。

f | 搜寻人、地点和事物 🔍 | 一奈米的宇宙 👥 💬³ 🌐²¹

约瑟夫·傅立叶
Joseph Fourier

✓朋友▾ | ✓追踪中▾ | 💬发讯息 | ...

动态时报　关于　朋友　相片　更多

ⓥ **简介**
- 📁 在法国担任男爵
- 📁 在巴黎综合理工学院担任教授

🔔 **朋友**

中文 · English(US) · Espanol ·
Portugues (Brasil) · Francais (Franais)　＋

隐私政策 – 使用条款 – 广告 – Ad Choices – Cookie
– 更多▾
Facebook © 2017

傅立叶
195年前 · 🌐

好吧，至少北极熊会喜欢我

👍赞　💬留言　↗分享
😊 你、拿破仑、约瑟夫·拉格朗日和其他156人

| 留言……

傅立叶 😢 觉得傅立叶转换好难。
195年前 · 🌐

希望未来的学生们不要太讨厌我……

👍赞　💬留言　↗分享

约瑟夫·傅立叶　(Joseph Fourier)

1768.3.21—1830.5.16　　　　　　　　　　　　　出生于法国

　　傅立叶是数学家，他所提出的傅立叶级数与傅立叶变换至今在热传导理论、振动理论、红外线光谱等方面仍然被广泛使用。

　　傅立叶从小便失去双亲，年幼的他被送往天主教教会接受照顾与教育。傅立叶非常用功，成年后进入了巴黎高等师范学校学习；毕业之后，在军中担任数学讲师；其后随着拿破仑东征，还担任过下埃及的总督。

　　41岁时，傅立叶被封为男爵，并于1816年返回巴黎。傅立叶47岁时，成了科学院的秘书，并发表了"热的分析理论"。该分析理论最主要的物理贡献是：方程式两边必须具有相同量纲，即当方程式两边的量纲匹配时，方程式才会正确，这可以说是量纲分析的基石之一。他也发明了热能传导扩散的偏微分方程式，至今同样是工科学生们必修的方程式之一。

　　除此之外，傅立叶还被视为温室效应的发现者。1820年，傅立叶指出，如果有一个物体到太阳的距离跟地球到太阳的距离一样远，大小跟地球一样大，该物体的温度应该会低于地球的气温，他推测这是由于地球的大气具有保温效果，此看法被公认为温室效应的首度提出。

　　傅立叶逝世后，第二年遗稿被整理出版成书。

14 石油

f　搜寻人、地点和事物　🔍　　　☀ 一奈米的宇宙　👥　💬³　🌐¹

沈括
元祐元年 · 🌐

有些人就像石油，看起来非常不起眼，
但其能力却能让人眼前一亮。

♥ 大心　💬 留言　➤ 分享

👍❤ 你、王安石和其他1164人

王安石 他一定长得很丑……
赞 · 回复 👍238 · 元祐元年

石油 整天都在把我分馏、烧掉，没人在乎我的感受……
赞 · 回复 👍118 · 32分钟

铀235 别抱怨了，你试过核分裂吗？
赞 · 回复 👍57 · 刚刚

回复……

留言……

👤 关于人生

平常的他不太说话，经常安安静静地微笑，长相一般，在团体里不是会受到特别关注的人。那天大家忽然聊起学术性比较强的话题，他开始侃侃而谈，他的发言不只深度够，广度也足，简直是上知天文、下知地理，后来才知道，他从小就涉猎各式各样的书，在很年轻的时候就拥有了不起的事业，现在已经是好几家公司的老板了，果然是人不可貌相啊！

📗 一奈米教室

石油是一种黏稠的深褐色液体，主要储存于地壳上层部分地区。它由不同的碳氢化合物混合组成，主要的成分是烷烃，此外还含有硫、氧、氮、磷、钒等元素。不过不同油田的石油成分和外观可能有很大的差别。

石油主要被用作燃油，燃油是目前世界上最重要的能源。石油也是许多化学工业产品（如溶液、化肥、杀虫剂和塑料等）的原料。现今开采的石油88%被用作燃油，其他12%则作为化工业的原料。

古代中国北宋的学者沈括于其著作《梦溪笔谈》中将其命名为"石油"，这是世界上对石油的首次记载，现今石油的中文名称就是沿用了沈括所冠之名。

f | 搜寻人、地点和事物 🔍 | 一奈米的宇宙

沈括
梦溪文人

✓朋友 ▾　✓追踪中 ▾　⊕发讯息　···

动态时报　关于　朋友　相片　更多

Ⓥ 简介

- 🏛 在北宋担任大官
- 🚄 在中国担任科学家
- 👫 关系一言难尽
- 📚 著《梦溪笔谈》
- 📚 著《天下郡县图》

Ⅱ 朋友

木掃臬　王女石

中文、English(US)、Espanol、Portugues (Brasil)、Francais (France)

🔲 +

沈括 与宋神宗、王安石和其他99人。
熙宁二年 · 🌏

变 法。

👍赞　💬留言　➤分享

😊 你、王安石和其他4112人

宋神宗 ✓ 朕知道了。
赞 · 回复 · 1.4万 · 熙宁二年

🔲 留言……

沈括 😣 觉得河东狮吼。
元祐八年 · 🌏

妻管严

😣呜　💬留言　➤分享

👍😣 你、宋神宗和其他541人

🔲 留言……

沈括

1031—1095年   出生于中国（北宋）

沈括是中国北宋时期著名的科学家，出生于官宦之家，祖父与父亲皆曾掌管刑狱工作。沈括自幼勤奋向学，十分聪慧，14岁时便读完家中所有藏书，并曾跟随父亲走遍大江南北，见多识广。18岁时，沈括行至南京，对医学产生了兴趣，开始着手钻研。后来在担任安徽宁国县令时，发起了修筑芜湖地区万春圩的工程，颇有政绩。

随着王安石变法，宋神宗大力推动改革，沈括也积极参与其中，先后就任史馆检讨、集贤院校理、提举司天监、军器监、三司使等职。

沈括对中国的物理、数学、天文、地理、生物、医学均有许多重要的成就与贡献。他发现地磁偏角存在的时间，比欧洲人早了400多年；他也曾阐述凹面镜成像原理、研究共振现象，可谓多才多艺的科学家。

沈括生平集大成之《梦溪笔谈》，这本书收录了他这一生所有的发现与见解。这是一本以百科全书方式编写而成的书籍，已成为中国科学史上的重要文献。

沈括之妻张氏彪悍骄蛮，平时欺压沈括，然而沈括却在张氏去世之后郁郁寡欢，甚至曾跳河寻短见未遂，后于第二年去世。

15 范德华力

f | 搜寻人、地点和事物 🔍 | ✳ 一奈米的宇宙 | 👥 💬11 🌐23

范德华
140年前 · 🌐

范德华力就像脸书的共同好友般，
把全世界给连接起来。

😮 哇　💬 留言　➤ 分享

👍😮 你、马克·扎克伯格、范德瓦耳斯和其他570人

马克·扎克伯格 ✔ 所以是你厉害还是我厉害？
赞·回复 👍1.9万 · 4小时

范德华 范德华力是连原子都能连接啦
赞·回复 👍12 · 3小时

范德华 听说你连非洲都还在努力？
赞·回复 👍10 · 3小时

一奈米的宇宙 你都不怕被删脸书吗？……
赞·回复 👍21 · 3小时

✳ 回复……

👤 关于人生

据研究,在这个星球上的每个人和另外一个人只隔着大约6个人的距离。巴黎铁塔下的恋人和太平洋小船上的渔夫,或是在大安森林公园奔跑的孩子,无论你身处世界的哪一个角落,每个人都和另外6个人被牢牢绑在这个世界上。透过另一个人,你就可以打开一个新的世界。

📗 一奈米教室

范德华力按照分子极性的不同,可分成三种类型:静电力、诱导力和色散力。

静电力为两极性分子间的作用力,因为极性分子偶极矩大于零,造成分子内部的电荷分布不均,故而产生正端和负端,这个正负端为永久极矩,其所形成的静电作用力即静电力。

诱导力则是一个极性分子所形成的永久极矩,会将邻近的非极性分子极化,使非极性分子短暂带有正负端,这两个正负端之间的吸引力即诱导力。

色散力是因为分子内部的电子本来就会任意运动,因此在造成电荷分布不均的瞬间会形成微弱的偶极矩,使微弱的正负两端相互吸引。

f 搜寻人、地点和事物 🔍　　　　　☀ 一奈米的宇宙　　👥 💬11 🌐23

约翰内斯·范德华
Johannes van der Waals

✓朋友▾ ✓追踪中▾ 💬发讯息 ⋯

动态时报　关于　朋友　相片　更多

🌐 **简介**

- 🏛 被授予剑桥大学博士学位
- 🏛 获得诺贝尔物理学奖
- 🚃 毕业于莱顿大学
- 🏫 在阿姆斯特丹大学担任教授

👥 **朋友**

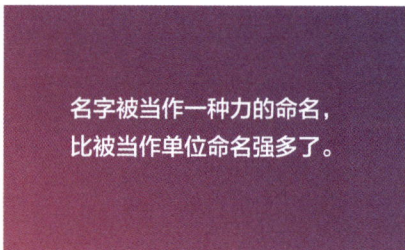

科特韦格　海克·卡默林·翁内斯　威尔荷姆·威克·凯索姆

彼德·德拜　佛罗伦米大斯基　詹姆斯·杜瓦

中文 · English(US) · Espanol ·
Portuguese (Brasil) · Francais (France)　　➕

范德华 与安培、欧姆、焦耳。
140年前 · 🌐

名字被当作一种力的命名，
比被当作单位命名强多了。

👍赞　💬留言　➤分享
👍 你、彼德·德拜、科特韦格和其他126人。

范德华 😎 觉得弱联结好神。
140年前 · 🌐

中间隔着几个人，我就能连接到拿破仑？！

👍赞　💬留言　➤分享
❤ 你、海克·卡默林·翁内斯和其他143人

约翰内斯·范德华 (Johannes van der Waals)

1837.11.23—1923.3.8   出生于荷兰

范德华生于荷兰莱顿，在10个兄弟姊妹中排行最大，父亲是工匠，在19世纪工人阶级无法让孩子就读中学和大学，因此范德华15岁念完小学没能继续升学。4年后，他考取了教师执照，成为小学老师，之后更晋升为教务主任。范德华24岁时，由于缺乏古典语言上的教育，在城里的大学中只能算是未经正式录取的学生，然而他希望成为在新的中学哈佛商学院教授数学及物理课的教师，因此花了两年时间准备考试。皇天不负苦心人，1865年他被聘请为哈佛商学院的物理教师，隔年在离莱顿很近的海牙也获得相同职位。

范德华一直遗憾没能获得接受古典语言教育的机会，无法进入大学成为正规学生。但很巧的是，当时的教育部长改变了高考进入大学的规则，免除必须研究古典语言的规定，范德华因此获得考试资格并通过考试，在1873年得到了物理和数学博士学位。

1877年9月，范德华被任命为阿姆斯特丹大学的物理系第一教授，并一直待到退休。

1881年，范德华的妻子死于肺结核，享年34岁。妻子逝世后，女儿们回到家中照顾他，范德华从此没有再婚，对妻子的死一直耿耿于怀，此后10年，他都没有再公开过任何关于自己的事情。

16 避雷针

f 搜寻人、地点和事物 🔍 ☀ 一奈米的宇宙 👥 💬1 🌐17

富兰克林
266年前 · 🌐

晴天时你不必想起我，
难过时请你一定要记得联络我。
我愿意做你的避雷针，
只在你需要的时候，默默牺牲自己守护你。

❤大心 💬留言 ↗分享

👍❤ 你、伏尔泰和其他5241人

宇智波鼬 佐助 ❤
赞 · 回复 👍441 · 3小时

三笠 艾伦 ❤
赞 · 回复 👍573 · 2小时

艾斯 路飞 ❤
赞 · 回复 👍512 · 刚刚

☀ 留言……

👤 关于人生

我会在你伤心的时候腾出肩膀借你,耍猴戏逗你开心;在你大哭的时候递上纸巾,说你哭的时候一点都不丑;在你绝望的时候用尽各种方法让你看见希望,只要你能在难过的时候第一个想起我,就算只是孤独的存在,就算你永远看不见,我也不在意。

📗 一奈米教室

在现代建筑中,避雷针被广泛设置在建筑物顶端,常用的材料为铜。它利用尖端放电的原理,把天空中漫无目标的电荷导入地下装置以达到中和,使雷云里的电量减少,避免过度累积电荷而引发巨大的雷电。在雷电发生的同时,避雷针还可以吸引雷电的放电通道,并以低电阻的电缆接地将电流导入地球表面,防止巨大的电流波及建筑物、树木或是移动中的物体。

🔵 搜寻人、地点和事物 🔍　　　　　　一奈米的宇宙

本杰明·富兰克林
Benjamin Franklin

✓朋友 ▾ | ✓追踪中 ▾ | 💬发讯息 | …

动态时报　关于　朋友　相片　更多

🌐 **简介**

🛋 起草美国《独立宣言》

🗄 担任美国驻法国大使

🗄 担任美国驻瑞典大使

🏛 第一任美国邮政总长

🏛 获得科普利奖章

⏰ **朋友**

伏尔泰　威廉·基思爵士　Deborah Read

琼吉德·巴克

中文 · English(US) · Espanol · Portugues (Brasil) · Francais (France)　[+]

隐私政策 – 使用条款 – 广告 – Ad Choices – Cookie – 更多 ▾
Facebook © 2017

富兰克林 😋 觉得肚子饿。
266年前 · 🌐

为了买书只好吃素

👍赞　💬留言　↗分享

👍 你、威廉·基思爵士、Deborah Read和其他406人

💬 留言……

富兰克林 😊 觉得曾子弱。
266年前 · 🌐

吾日十三省吾身。

👍赞　💬留言　↗分享

本杰明·富兰克林　(Benjamin Franklin)

1706.1.17—1790.4.17　　　　出生于美国（英国北美殖民地）

富兰克林小时候非常聪慧、调皮，但同时具有独特的领袖魅力，时常带领同龄的小朋友做出一些捣蛋的事情。12岁时，富兰克林开始在兄长的出版社帮忙，17岁时便出走到了费城，过了几个月之后辗转到了伦敦一家印刷厂工作。不久，富兰克林决定回到费城，成立自己的印刷公司。富兰克林的公司发行了自己的报纸，富兰克林本人甚至亲自执笔撰写文章，在当时社会引起巨大的反响。

1731年，富兰克林号召数个朋友共同建立了费城的第一间公共图书馆，里面的藏书包罗万象，对当时费城人民的启蒙贡献良多。

1743年，富兰克林筹备创立一家学院，即今日宾夕法尼亚大学的前身。也在这个时期，他开始了一系列关于电的研究。富兰克林发现，电荷分为"正""负"，而且两者的数量守恒。除此之外，他对于气象学也颇有贡献。当时为了帮自己的报纸寻找新闻题材，富兰克林经常到农夫市集打听消息，有次听闻某地出现暴风雨，不久后又传闻邻近其他地方也发生了风暴，于是他推测这两地的暴风应该是同一个，进而提出暴风会移动的概念，衍生出了日后的天气分析、天气图，改变当时只靠目测来预报天气的方式。

1751年，富兰克林在宾夕法尼亚州成立了一家医院，成为全美国的首家医院。1754年，富兰克林参加殖民地大会，提出各种殖民联合计划，虽然在当时这些计划没有被接纳，但仍有不少提议在日后被放入了《美国宪法》之中。富兰克林也被选为英国北美殖民地大陆会议的成员，共同起草了《独立宣言》。

在人权观念上，富兰克林是坚定反对黑奴制度的伟人，还组织了要求释放被非法监禁黑人的集会。

退休后的富兰克林仍然被邀请出席修改《美国宪法》，成为唯一一位同时签署美国建国三项法案——《独立宣言》《1783年巴黎和约》《美国宪法》的建国先贤。

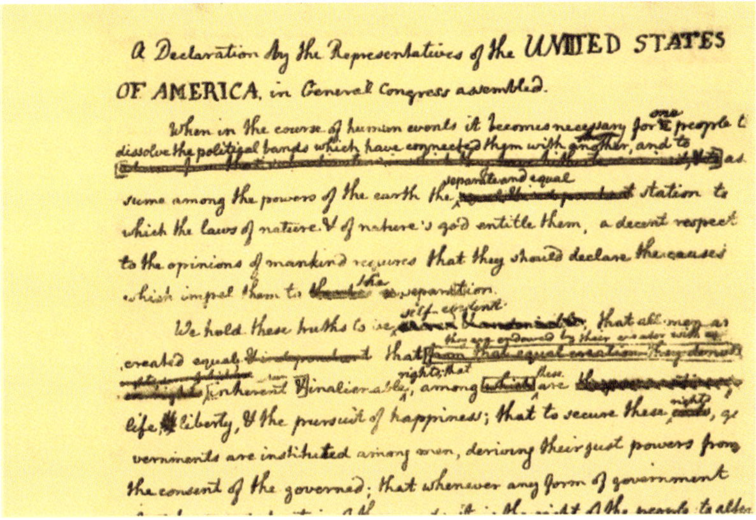

A Declaration by the Representatives of the UNITED STATES OF AMERICA, in General Congress assembled.

When in the course of human events it becomes necessary for one people to dissolve the political bands which have connected them with another, and to assume among the powers of the earth the separate and equal station to which the laws of nature & of nature's god entitle them, a decent respect to the opinions of mankind requires that they should declare the causes which impel them to the separation.

We hold these truths to be self-evident; that all men are created equal; that they are endowed by their creator with inherent & inalienable rights; that among these are life, liberty, & the pursuit of happiness; that to secure these rights, governments are instituted among men, deriving their just powers from the consent of the governed; that whenever any form of government

《独立宣言》手稿/维基百科

Chapter 03

倦 怠

人生如此漫长，

有时候真的想好好休息

17 热力学第二定律

f | 搜寻人、地点和事物 　🔍 　　　☀ 一奈米的宇宙 　　👥 💬1 🌐2

克劳修斯 和麦克斯韦及其他6个人
167年前 · 🌐

我的房间符合热力学第二定律，时间久了就乱七八糟。

👍 赞　💬 留言　➤ 分享

👍 你、雅各·施泰纳和其他193人

∞ **永动机** QQ
赞 · 回复 👍68 · 3小时

心很痛 乱的不是房间，是我的心
赞 · 回复 👍10 · 2小时前

G **Gibbs Energy** 没人在乎我？
赞 · 回复 👍395 · 2小时前

黑格尔 谁可以和我说说为什么一个房间挤了8个人？
赞 · 回复 👍15 · 刚刚

☀ 留言……

👤 关于人生

每个人都会有属于自己的整理哲学，有些人必须丝毫不差地把所有物品放置到它们应该在的位置，甚至还必须是固定的角度；另一类人则是空间越乱他们越容易找到东西。我就属于后者，时间过得越久，我就越不想整理房间；我的房间越乱，我就越容易找到我要的东西。

📗 一奈米教室

热力学第二定律牵涉到两种物理量——温度和熵（读作"shāng"）。"熵"表示一个系统通过热力学的过程向外界最多可以做多少热力学的功，一个孤立系统的熵不会减少（热不能自发地从冷处转到热处，而不引起其他变化）。任何高温的物体在不受热的情况下，都会逐渐冷却。因此，热力学第二定律也可说是熵增原理。

熵亦被用于计算系统中的"失序现象"，也就是计算该系统混乱的程度，一个封闭系统的紊乱程度（科学术语上称为"乱度"，entropy）将会持续上升。

f　搜寻人、地点和事物　🔍　　　一奈米的宇宙　👥　💬¹　📋²

克劳修斯
Rudolf Julius Emanuel Clausius　✓朋友▾　✓追踪中▾　◎发讯息　…

动态时报　关于　朋友　相片　更多

📖 简介

🕐 生于波美拉尼亚省的克斯林市
　（现波兰科沙林）

🎓 于柏林大学读数学和物理

🏛 在苏黎世工业大学担任教授

🎓 于1879年获得科普利奖章

👥 朋友

海冈里希·
马格努斯　约瑟·诺瓦·
敖利克雷　雅各·施季纳

阿铎朱艮·
娜姆普兰姆　蒙都·萨克

中文 · English(US) · Español ·
Portugues (Brasil) · Français (France)　　＋

隐私政策 – 使用条款 – 广告 – Ad Choices – Cookie
– 更多▾
Facebook © 2017

克劳修斯 😑 觉得厌世。
164年前 · 🌐

宇宙的熵趋于最大值，
这个世界无可避免地注定走向一片死寂。

😫 呜　💬 留言　➤ 分享

😊👍 你、理查德·费恩曼和其他158人

理查德·费恩曼 前辈别慌，我的理论会拯救宇宙的。
赞·回复 👍 4183 · 80年前

留言

克劳修斯 😑 觉得不想反抗。
164年前 · 🌐

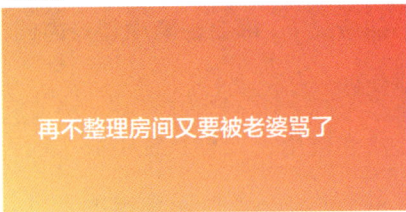

再不整理房间又要被老婆骂了

克劳修斯 (Rudolf Julius Emanuel Clausius)

1822.1.2—1888.8.24

出生于德国

克劳修斯是数学家兼物理学家,更是热力学完整概念的主要奠基人。他重新叙述卡诺循环(Carnot cycle),把热力学从理论面导向更贴近实际的应用。1847年,克劳修斯从哈雷大学取得博士学位,随后当上柏林皇家炮兵工程学院的物理教授以及柏林大学的无俸讲师。

1850年是热力学历史上重要的一年,克劳修斯首次明确提出热力学第二定律的基础概念,并指出卡诺循环与质量守恒的概念不同。1854年,他定义了"熵"的概念:热不能自发地从低温物体传向高温物体。同年,转任职苏黎世工业大学担任教授。到了1857年,克劳修斯改良了奥古斯特·克罗尼格(August Krönig)的气体动力学模型,引进了更多分子的移动、转动、振动等因素,提出了一颗粒子平均自由路径的概念,促进了整个分子运动力学的发展。

克劳修斯还参与过1870年的普法战争,并自己组织了一支救护队。他在战争当中受到了严重的伤害,虽因此荣获了铁十字勋章,却留下了永久的残疾。

克劳修斯的妻子在1875年分娩的时候去世,留下6个小孩由他一人抚养,但这份养育工作并没有中断克劳修斯的教学生涯。

1886年,克劳修斯再婚,与索菲·萨克(Sophie Sack)结婚,并育有一子。两年后,克劳修斯在德国波恩去世。

18 相对论

f 搜寻人、地点和事物 🔍 ☀ 一奈米的宇宙 👥 💬3 🌐14

 爱因斯坦
102年前 · 🌐

熬夜后去上课，
其实是对自己加速到光速的反应，
一眨眼怎么就下课了。

👍 赞　💬 留言　➤ 分享

👍 你、米列娃·马利奇和其他27万人

以太 干
赞·回复 👍438 · 102年前

富坚义博 呵，别以为用这招就能看到猎人结局
赞·回复 👍1215 · 102年前

米列娃·马利奇 上课给我认真点……
赞·回复 👍41 · 102年前

☀ 留言……

🧑 关于人生

昨天已经不知道是我第几次发誓永远不要再熬夜了，偏偏今天又是早上8点上课，我拖着生不如死的灵魂终于到教室坐定，好像发生了很多事，又好像什么事也没发生，一眨眼我恍惚看到教授走下讲台，然后这堂课就结束了⋯⋯

📝 一奈米教室

在爱因斯坦的"狭义相对论"中，最重要的初始假设为"光速不变原理"，意思是说真空中光速独立于参考系统，光在真空中的传播速度相对于观测者，永远都是常数，不会随光源和观测者所在参考系的相对运动而改变。基于这个原理，可以建立起一种新的时空观——相对论时空观。

当物体运动时，它的一切（物理、化学变化）从静止参照系统的角度来看都会变慢，这称为"时间膨胀"（时间变慢了）。若飞机以固定速度绕地球飞行数圈后，再用地面静止观察者的时钟去测量，得到的结果会是不论该飞机的飞行方向为何，飞机上的时钟都会随着飞行速度增加而变慢（尽管此结论非常违反日常直观体验，却已经被无数实验证实，且被实际应用到诸多科技当中，例如，手机中的GPS）。

阿尔伯特·爱因斯坦
Albert Einstein ✓

〔✔朋友 ▾〕〔✔追踪中 ▾〕〔💬发讯息〕〔…〕

动态时报　关于　朋友　相片　更多

🌐 简介
🕐 1879年3月14日出生于德国
🚌 就读瑞士苏黎世工业大学
📁 在瑞士伯尔尼专利局担任小员工
❗ 1905年赞叹我奇迹的脑
♥ 关系一言难尽

👥 朋友

中文 · English(US) · Espanol ·
Portugues (Brasil) · Francais (France)

隐私政策 – 使用条款 – 广告 – Ad Choices – Cookie
– 更多 ·
Facebook © 2017

爱因斯坦 😷 觉得我的情史就这样全都被抖出来了。
102年前 ·

@国家地理频道
啊，我是哪里惹到你们了？

😮 哇　💬留言　↗分享
👍 你、伯特兰·罗素和其他3.7万人
米列娃 活该，死了才好
赞·回复·3487·102年前

留言……

爱因斯坦 😊 在1905年。
112年前 ·

再退掉我的论文也没关系，反正我会继续写。

阿尔伯特·爱因斯坦 (Albert Einstein)

1879.3.14—1955.4.18　　　　　　　　　　**出生于德国**

犹太裔物理学家爱因斯坦是世界公认20世纪最具影响力的人物之一。与许多天才科学家一样，爱因斯坦小时候常常被老师视为"问题学生"。毕业以后爱因斯坦先来到了瑞士专利局工作，这里的工作大大地改变了他的一生。爱因斯坦习惯利用早上的时间快速处理完专利局的工作，剩下的所有时间就能全心全意投入他的研究当中。1905年，爱因斯坦连续发布了"光电效应""布朗运动""狭义相对论""质能转换关系式"4篇重量级论文，其中质能转换关系式正是大家耳熟能详的 $E=mc^2$，此方程式直接影响了往后人类历史的发展，从辐射、太阳能量来源，到促使核能的使用、原子弹武器的发展等，通通可以由这个简单的方程式推导出来。因此，1905年不但被称为"爱因斯坦奇迹年"，世人更在100年后的2005年纪念其为"世界物理年"。

除了 $E=mc^2$ 之外，爱因斯坦被众人所知的理论还有"狭义相对论"，此理论完全颠覆了过去传统牛顿力学的观点，建立了全新的时间与空间的体系。然而，这个重大的理论却在刚发表的时候不被重视，其中一种说法是因为没有多少人能够看得懂"相对论"到底在说什么！但很快，在1915年，爱因斯坦发表了"广义相对论"来补足"狭义相对论"叙述不足之处,并且预言光线经过太阳重力场时会被重力所弯曲。这个大胆的预言在4年后被英国天文学家爱丁顿(Arthur Eddington)观测日食时所证实。一时之间,爱因斯坦声名大噪,连带"相对论"的相关论文也被广为传阅与讨论。英国《泰晤士报》的头条新闻标题宣告:"科学革命,宇宙新理论已将牛顿以往的观点推翻。"

随后,爱因斯坦也因为应用量子论解释光电效应而荣获诺贝尔物理学奖。然而事实上,爱因斯坦在1905年的那4篇重量级论文,以及1915年的"广义相对论",都该获得一次诺贝尔奖。

爱因斯坦是坚定的反战人士,尽管他的发现间接促成原子弹的诞生,但他终其一生都为反战而奔走,甚至为了原子弹的发明而感到后悔。他曾说:"我一生之中犯了一个巨大的错误,那就是我签署了那封要求罗斯福总统制造核武器的信。但是犯这错误是有原因的——德国人有制造核武器的可能性。"

1955年,爱因斯坦长眠于美国,被誉为"现代物理学之父",也是20世纪最为重要的科学家之一。

以色列纪念爱因斯坦所发行的钞票/iStock

19 惰性气体

f | 搜寻人、地点和事物 🔍 | ☀ 一奈米的宇宙 | 🔟 📱²

威廉·拉姆赛 😏 在做一个完美的八隅体。
135年前 · 🌐

假日的自己就是惰性气体，
远离烦人的交际，做一个不拿也不给的完美八隅体。

👍 赞　💬 留言　➤ 分享

👍 你、瑞利和其他166人

氦氖氩 偷懒也要带上我们？
赞 · 回复 👍42 · 3小时

　氪氙氡 楼上生气了
　赞 · 回复 👍91 · 2小时

　威廉·拉姆赛 你们什么时候这么外向了……
　赞 · 回复 👍925 · 2小时

　回复……

氟氯钠 出来玩（ノ≧∇≦）ノ　出来玩（ノ≧∇≦）ノ
赞 · 回复 👍931 · 2小时

☀ 留言……

👤 关于人生

今天是星期日,在开始写这段文字之前我经过了一个早上的痛苦挣扎,我明知道应该早点起床迎接这个美妙的周末,应该出门去走走,看看这个世界,但是谁能抵得住床铺的呼唤呢? 没有人! 所以我放弃抵抗,闭上眼睛享受这一刻。

📋 一奈米教室

惰性气体又称钝气、贵气体,是指元素周期表第十八族（8A族）元素,包含氦（He）、氖（Ne）、氩（Ar）、氪（Kr）、氙（Xe）和氡（Rn）。常温常压下为无色无味的单原子气体,因其最外层的电子壳层（价壳层）已填满电子,形成八隅体,故而非常稳定,极少进行化学反应,因此得到"惰性气体"的名称。

值得一提的是,氦元素最外层只有两个电子,故不算是八隅体。

f 　搜寻人、地点和事物　🔍　　　　▢ 一奈米的宇宙　　👥 💬¹⁰ 🌐²

威廉・拉姆赛
William Ramsay

☑ 朋友 ▾　　追踪中 ▾　　💬 发讯息

动态时报　　关于　　朋友　　相片　　更多

ℹ️ **简介**

🏛 从格拉斯哥大学毕业
🏛 就读于格拉斯哥大学
▪️ 在安德森学院担当助手
▪️ 在布里斯托大学担任教授
🕐 于1904年获得诺贝尔化学奖

👥 **朋友**

瑞利　　威廉・克鲁夫·摩蒂希　　弗雷德里克·索迪

皮埃尔·让森

中文・English(US)・Español・
Portugues (Brasil)・Francais (France)　　＋

隐私政策 – 使用条款 – 广告 – Ad Choices – Cookie
– 更多▾
Facebook © 2017

威廉・拉姆赛 😍 觉得我爱化学，化学爱我。
123年前・🌐

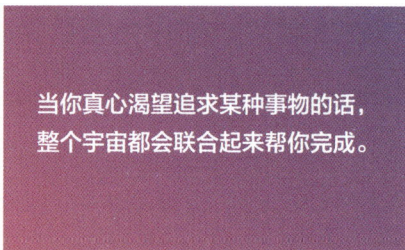

当你真心渴望追求某种事物的话，
整个宇宙都会联合起来帮你完成。

👍 赞　💬 留言　↪ 分享
🔄 你、瑞利和其他2182人

▫️ 留言……

威廉・拉姆赛
127年前・🌐

每天在寝室做实验，希望室友不要讨厌我……

威廉·拉姆赛 (William Ramsay)

1852.10.2—1916.7.23　　　　　　　　　　　　出生于英国

威廉·拉姆赛是英国的天才化学家，年仅14岁就已经跳级并进入了格拉斯哥大学就读，后来还取得博士学位。仅28岁就被布里斯托大学任命为大学教授，后来成为化学系系主任。在这期间，拉姆赛大量发表研究的成果，包含几篇关于氮氧的重量级论文。

1894年，英国物理学家瑞利（Lord Rayleigh）发现亚硝酸铵分解后得到的"氮气"与空气中得到的"氮气"密度不同（空气中当时认为的氮气，其实可能隐含其他元素），经过讨论后，拉姆赛与瑞利决定共同探索此现象的原因，于是各自着手研究，并在同年8月，两人一起宣布发现第一种惰性气体——氩。

1895年，拉姆赛从钇铀矿中分离出氦。随后拉姆赛又陆续发现了氖、氪和氙，几乎所有惰性气体的发现都跟拉姆赛有关。

1904年，拉姆赛因为发现空气中的惰性气体元素，并确定它们在元素周期表的位置，被授予诺贝尔化学奖。

1910年，他与罗伯特·怀特洛·格莱（Robert Whytlaw Gray）一起分离出氡，透过测定密度，确定了氡是目前已知气体中密度最高的元素。

拉姆赛长年居住在白金汉郡的威科姆区，直到1916年因为鼻癌去世。如今在威科姆区有一所以拉姆赛命名的中学，纪念拉姆赛这一生为人类做出的伟大贡献。

拉姆赛的主要著作有《无机化学体系》《大气中的气体》《现代化学》《元素和电子》等。

氦　　　氖　　　氩　　　氪　　　氙

惰性气体

20 元素周期表

f 搜寻人、地点和事物 🔍 ☀ 一奈米的宇宙 👥 💬² 🌐⁸

门捷列夫
148年前 · 🌐

我讨厌热力学那些家伙，
我看见东西乱七八糟就想把它们排好。

😮 哇　💬 留言　➤ 分享

👍😮 你、克劳修斯、卡诺和其他876人

克劳修斯 卡诺 汤姆孙 麦克斯韦 Zeuner 玻尔兹曼 吉布斯 范德华
赞 · 回复　👍1087 · 148年前

卡诺 出来讲
赞 · 回复　👍207 · 148年前

门捷列夫 今晚8点，英国伦敦大笨钟，笨字头下见
赞 · 回复　👍136 · 148年前

☀ 留言……

👤 关于人生

我对整齐就是有莫名的执着，认为每一样东西都应该有一处属于它的位置，小说应该放在书柜左边数来第三个格子，马克杯和玻璃杯要分别放在架子的最左边和最右边，衣服也一定要按照颜色收纳，我才可以好好过活，因为我一生最受不了的就是混乱。

📋 一奈米教室

现代的元素周期表由门捷列夫于1869年创造，根据元素之原子序数从小至大排序。周期表大体呈长方形，由于某些元素尚未被发现，因此表上留有空格。在周期表中，特性相近的元素会被归在同一族中，如卤素及惰性气体，使周期表得以形成元素分区。

由于周期表能够准确推知各种元素的特性，标示彼此之间的关系，因此被广泛使用在化学及其他科学范畴中，作为分析化学行为时十分有用的参考。

f 　搜寻人、地点和事物 🔍　　　　■ 一奈米的宇宙　　👥 💬② 🌐⑧

THE PERIODICITY OF THE ELEMENTS

The Elements	Their Properties in the Free State	The Composition of the Hydrogen and Organo-metallic Compounds	Symbols and Atomic Weights	The Composition of the Saline Oxides	The Properties of the Saline Oxides	Small Periods or Series

门捷列夫
Дми́трий Ива́нович Менделе́ев　✓朋友 ▾ | ✓追踪中 ▾ | 💬发讯息 | …

动态时报　　关于　　朋友　　相片　　更多

⊙ 简介

🕐 1834年2月8日出生于俄罗斯帝国

☎ 圣彼得堡大学担任化学教授

▪ 担任度量衡局局长

▪ 当选为英国皇家学会外国会员

☎ 获得科普利奖章

👥 朋友

高劳修斯　威廉·汤姆孙　卡耳

麦克斯韦　吉布斯　玻尔兹曼

中文 · Englishi(US) · Espanol ·
Portugues (Brasil) · Francais (France)　[+]

隐私政策 – 使用条款 – 广告 – Ad Choices – Cookie
– 更多▾
Facebook © 2017

门捷列夫 在 📍伦敦大笨钟，笨字头下。
148年前 · 🌐

热力学那帮家伙放我鸽子

伦敦大笨钟，笨字头下
97个人曾在这里打卡　[储存]

👍赞　💬留言　➤分享

👍 你、克劳修斯、汤姆孙和其他6人

💬 留言……

门捷列夫 😊觉得就是爱整齐。
148年前 · 🌐

整理书桌整理房间整理实验室啰~

👍赞　💬留言　➤分享

门捷列夫 (Дми́трий Ива́нович Менделе́ев)

1834.2.8—1907.2.2   出生于俄国

　　门捷列夫的父亲在他小时候便去世了，留下门捷列夫与母亲两人相依为命。门捷列夫长大后，母亲希望他可以就读莫斯科大学，便带着门捷列夫步行到了莫斯科，才发现因为出身边陲，不符合莫斯科大学的入学资格，最后门捷列夫只好进入圣彼得堡大学就读。

　　门捷列夫在圣彼得堡大学研读物理和数学，并以非常优异的成绩顺利毕业，但他却不幸染上肺结核，只好搬到乡下休养。在休养期间他仍然保持阅读的习惯，并不断自修，等肺结核病情好转后，他也念完了圣彼得堡大学的硕士学位，更成为圣彼得堡大学的讲师。一次偶然的机会，门捷列夫得以前往在当时科学研究较为进步的德国与法国，并在德国海森堡进行流体毛细管现象的研究以及光谱仪的制作。1861年，门捷列夫出版了他第一本关于光谱仪的书。

　　但门捷列夫真正被大家记得的原因，却是因为他整理出了元素周期表。1869年，门捷列夫意外发现元素具有某种程度的周期性，每隔几个元素，类似的性质便会不断重复，他因此整理出了第一张元素周期表。当时门捷列夫将所有的元素按照原子量由小到大排列，甚至预留下了几格空白，预测将来会有新的未知元素列入其中。果然，原先预计需要填补的元素也在之后陆续被人发现。不过，门捷列夫后来又对各元素重新测定原子量，并于1871年发表了改良过的第二张元素周期表。

另外，门捷列夫的著作《化学原理》，在200年前被国际化学界公认为标准著作，影响了后世许许多多的化学家。不仅如此，他一生也致力推动俄罗斯人的化学教育，教育英才无数，可以说是他将化学带回了莫斯科，称他是"俄罗斯化学之父"也不为过。

Periodic Table of the Elements

Atomic number: 8
Atomic weight: 15.999
Symbol: O
Name: Oxygen

Chemistry is a branch of physical science that studies the composition, structure, properties and change of matter

1 H																	2 He
3 Li	4 Be											5 B	6 C	7 N	8 O	9 F	10 Ne
11 Na	12 Mg											13 Al	14 Si	15 P	16 S	17 Cl	18 Ar
19 K	20 Ca	21 Sc	22 Ti	23 V	24 Cr	25 Mn	26 Fe	27 Co	28 Ni	29 Cu	30 Zn	31 Ga	32 Ge	33 As	34 Se	35 Br	36 Kr
37 Rb	38 Sr	39 Y	40 Zr	41 Nb	42 Mo	43 Tc	44 Ru	45 Rh	46 Pd	47 Ag	48 Cd	49 In	50 Sn	51 Sb	52 Te	53 I	54 Xe
55 Cs	56 Ba	57-71	72 Hf	73 Ta	74 W	75 Re	76 Os	77 Ir	78 Pt	79 Au	80 Hg	81 Tl	82 Pb	83 Bi	84 Po	85 At	86 Rn
87 Fr	88 Ra	89-103	104 Rf	105 Db	106 Sg	107 Bh	108 Hs	109 Mt	110 Ds	111 Rg	112 Cn	113 Nh	114 Fl	115 Mc	116 Lv	117 Ts	118 Og

*Lanthanoids	57 La	58 Ce	59 Pr	60 Nd	61 Pm	62 Sm	63 Eu	64 Gd	65 Tb	66 Dy	67 Ho	68 Er	69 Tm	70 Yb	71 Lu
**Actinoids	89 Ac	90 Th	91 Pa	92 U	93 Np	94 Pu	95 Am	96 Cm	97 Bk	98 Cf	99 Es	100 Fm	101 Md	102 No	103 Lr

现代版元素周期表/iStock

21　用进废退说

f　搜寻人、地点和事物　🔍　　　❋ 一奈米的宇宙　　💬8 🌐1

拉马克
208年前 · 🌐

人的大脑其实符合用进废退说，
这解释了人类智商最高点为什么总是出现在高三下学期。

😆 哈　💬 留言　➤ 分享

👍😆 你、魏斯曼和其他977人

魏斯曼　嗯……但用进废退之后的性状好像不会遗传给下一代……
赞 · 回复 👍438 · 208年前

　　拉马克　不要跟我起争议
　　赞 · 回复 👍37 · 208年前

　　魏斯曼　嗯……可是我实验室的老鼠……
　　赞 · 回复 👍46 · 208年前

　　拉马克　好了，闭嘴！
　　赞 · 回复 👍121 · 208年前

　　回复……

❋　留言……

👤 关于人生

想当年我还是高三生的时候，读古文、解数学题、背7000单词哪难得倒我，在那段高压又紧凑的时光里，我每天去图书馆报到，除了吃饭和睡觉之外都在念书，脑容量在短期间内迅速扩增，智商也仿佛成倍增长，只能说那是我人生中最辉煌的一段时光！

📋 一奈米教室

"用进废退说"和"获得性遗传"是由法国生物学家拉马克于19世纪初提出的，是拉马克主张的演化学说之理论基础。拉马克认为生物经常使用的器官会逐渐发达（网球选手的惯用手臂较粗壮就是这个道理），而不使用的器官会逐渐退化，此即"用进废退"。

拉马克进一步认为用进废退这种后天获得的性状是可以遗传的，生物可以把后天锻炼的成果遗传给下一代。根据这个说法，他推测长颈鹿的祖先原本是短颈，但是为了吃到树上更高处的叶子就得将脖子和前腿伸长，经过用进废退而变长的脖子和前腿，再通过遗传而演化为现在的长颈鹿。[1]

1　然而这个学说后来却被德国科学家魏斯曼（August Weismann）的实验纵横给推翻。魏斯曼在实验中将雌、雄老鼠的尾巴都切断后，再让其互相交配来产生子代，生出来的结果依旧都是有尾巴的；再同样将这些子代的尾巴切断后互相交配产生下一代，下一代的老鼠也仍然是有尾巴的。魏斯曼重复进行这样的实验至第21代，其子代仍然拥有尾巴。

f 搜寻人、地点和事物 🔍 　一奈米的宇宙 👥 💬 8 🌐 1

PHILOSOPHIE
ZOOLOGIQUE,
让·巴蒂斯特·拉马克
Jean Baptiste Lamarck

✓朋友 ▾ 　✓追踪中 ▾ 　💬发讯息 　⋯

动态时报　关于　朋友　相片　更多

🔵 简介
🕐 出生于法国
🏛 在法兰西科学院担任院士
📖 撰写《动物哲学》

👥 朋友

圣伊莱尔　卢梭　达尔文

中文　English(US)　Español
Português (Brasil)　Français (France)

隐私政策 - 使用条款 - 广告 - Ad Choices - Cookie
- 更多
Facebook © 2017

拉马克 觉得惨。
209年前

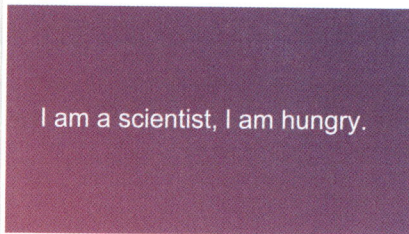

I am a scientist, I am hungry.

👍呜　💬留言　➤分享
你、达尔文和其他2176人
留言

拉马克 觉得用进废退·希望无穷。
206年前

我要努力用我的脑，然后把它遗传给我的孩子！

让·巴蒂斯特·拉马克 (Jean Baptiste Lamarck)

1744.8.1—1829.12.18   出生于法国

拉马克年轻时与卢梭（Jean Jacques Rousseau）相识，卢梭分享给拉马克许多关于思想、哲学等事情，更重要的是卢梭分享了他的科学研究与经验，对拉马克产生了巨大影响，促使他在原本就喜爱的生物领域开始了更深入的研究。

1809年，拉马克发表了《动物哲学》，此著作是科学革命后第一本依据科学与实际观察，并以系统化方式书写而成的进化理论，在当时被通称为"拉马克学说"。拉马克学说中提出了"用进废退""获得性遗传"两个重要的概念。拉马克认为用进废退和获得性遗传就是生物产生变异的原因，也是适应环境的过程。

然而这一旷世巨作在当时却没有获得回响，甚至还遭到不少人的嘲笑与贬抑。拉马克的一生都很困苦，除了贫穷与疾病缠身，晚年还双眼失明，但他仍然凭着自己对科学的热爱，孜孜不倦地钻研真理，通过小女儿的协助，以口述方式出版一本本科学书籍，将其一生都奉献在发展生物科学上。

后来更为知名的生物学家达尔文（Charles Darwin，1809—1882）亦受到拉马克的影响，虽然他曾试图反驳拉马克的遗传机制，但事实上达尔文的"天择说"便是以拉马克的理论模型为基础的。尽管拉马克的理论有不少错误，但他对生物学的贡献仍旧不可忽视，应被视为生物进化论的先驱者。

PHILOSOPHIE
ZOOLOGIQUE,
ou
EXPOSITION

Des Considérations relatives à l'histoire naturelle
des Animaux ; à la diversité de leur organisation
et des facultés qu'ils en obtiennent ; aux causes
physiques qui maintiennent en eux la vie et
donnent lieu aux mouvemens qu'ils exécutent ;
enfin , à celles qui produisent , les unes le senti-
ment , et les autres l'intelligence de ceux qui en
sont doués ;

PAR J.-B.-P.-A. LAMARCK,

Professeur de Zoologie au Muséum d'Histoire Naturelle , Membre de
l'Institut de France et de la Légion d'Honneur , de la Société Phi-
lomatique de Paris , de celle des Naturalistes de Moscou , Membre
correspondant de l'Académie Royale des Sciences de Munich , de
la Société des Amis de la Nature de Berlin , de la Société Médicale
d'Emulation de Bordeaux , de celle d'Agriculture, Sciences et Arts
de Strasbourg , de celle d'Agriculture du département de l'Oise ,
de celle d'Agriculture de Lyon , Associé libre de la Société des
Pharmaciens de Paris , etc.

TOME PREMIER.

A PARIS,

{ DENTU , Libraire , rue du Pont de Lodi , N° 3;
Chez { L'AUTEUR , au Muséum d'Histoire Naturelle (Jardin
{ des Plantes).

M. DCCC. IX.

拉马克《动物哲学》(*philosophie zoologique*，
亦译作《动物学哲学》)1809年初版扉页／维基百科

22 最大静摩擦力

搜寻人、地点和事物 🔍 　　　※一奈米的宇宙　👥 💬6 🌐14

库仑
227年前・🌐

我们都知道，物体要克服最大静摩擦力后才会开始移动，
起床去读书也是，下定决心吃少一点也是。

😢呜　💬留言　➤分享

👍😢 你、安培、润滑油和其他310人

安培 先减少你的正向力吧，胖子
赞・回复 👍268 ・ 227年前

润滑油 或许你可以考虑看看我 😏
赞・回复 👍195 ・ 227年前

　　库仑 私聊
　　赞・回复 👍187 ・ 227年前

　　回复……

留言……

👤 关于人生

活到现在回头看看这不算多不算少20多年的岁月里,熬夜失败的经验真不少,有时候喝了三杯咖啡还是睡到不省人事,有时候想先暂时睡20分钟,再睁开眼睛的时候已经是隔天早上了。在这些熬夜失败的经验里,我归纳出心得:熬夜存在一个微妙的临界点,越接近临界点路上越痛苦,但只要坚持到通过临界点,便能够继续熬夜了。

📋 一奈米教室

当外力逐渐增加到使物体开始移动的瞬间,静摩擦力就达到了最大值,此时的静摩擦力也称为"最大静摩擦力";换句话说,若欲推动某一物体使其开始移动,就必须施加等同于其最大静摩擦力的外力。

想象自己正在推着一个巨大的物体,并逐渐增加力气推它,但它始终静止于原地,此时的摩擦力称为"静摩擦力",而静摩擦力会随你给它的外力增加而变大。接着你用尽全身的力气继续推,物体终于移动了,物体移动的这个极短暂瞬间的摩擦力称为"最大静摩擦力"。最后,你终于有办法将此物体推行5米远,在与物体一起移动的过程中所产生的摩擦力就称为"动摩擦力"。

搜寻人、地点和事物 🔍　一奈米的宇宙

夏尔·奥古斯坦·库仑
Charles Augustin de Coulomb

✓朋友 ▾　✓追踪中 ▾　💬发讯息　…

动态时报　关于　朋友　相片　更多

🕐 简介

- 🏛 在**法国科学院**担任院士
- 🏫 曾就读**梅齐埃尔工程学校**
- 🏫 发现**库仑定律**

👥 朋友

中文 · English(US) · Espanol · Portugues (Brasil) · Francais (France)

库仑 😣 在与棉被奋斗。
227年前 · 🌐

雨天会让起床的摩擦系数更大

👍赞　💬留言　↗分享

👍 你、路易十六、拿破仑和其他104人

留言……

库仑 😳 在寻找我的滑板鞋。
227年前 · 🌐

摩擦摩擦

👍赞　💬留言　↗分享

夏尔·奥古斯坦·库仑 (Charles Augustin de Coulomb)

1736.6.24—1806.8.23

出生于法国

物理学家库仑出生在昂古莱姆（Angoulême），他的生涯前期是军人，后来因为自身健康因素而被迫退役，从此有了自己的空闲时间，便开始进行科学研究，提出了著名的"库仑定律"。

大多数人比较了解的是库仑在电学上的成就，却鲜有人知道库仑在力学上对于摩擦力的贡献。人类对于摩擦力的了解，可以追溯到2000多年前亚里士多德（见后文**26地心引力**）提出的概念，其后的科学家们也纷纷对摩擦力展开各式各样的研究。18世纪后，欧洲进入了工业时代，对各种机械的使用需求大量上升，机器的使用效率与耐磨度逐渐受到重视。巴黎科学院曾在1781年以"摩擦定律与绳的倔强性"为题目，举办了有奖问答竞赛。库仑依照先前科学家们的观察与研究，再加上自己大量的实验结果，整合出了《简单的机械理论》论文，赢得了这次竞赛的优胜奖，此即"库仑定律"：

库仑摩擦第一定律：摩擦力跟作用在摩擦面上的正压力成正比，跟外表的接触面积无关。也就是现在所称的"静摩擦定律"和"滑动摩擦定律"。

库仑摩擦第二定律：滑动摩擦力和滑动速度大小无关。这一结论,若作为普遍法则并不正确,实际上滑动摩擦力和滑动速度的关系相当复杂。

库仑摩擦第三定律:最大静摩擦大于滑动摩擦力。

库仑二项式定律:这是反映摩擦力和负载之间的关系,即滑动摩擦力。

库仑对摩擦的研究,总结了从达·芬奇(Leonardo da Vinci)到阿蒙东(Guillaume Amontons)的理论,提出了他自己的摩擦定律,但实际上这些定律只能算是经验公式,对于实际情况也仅仅是近似的、粗浅的描述。不过即便如此,库仑对力学的贡献仍是不可磨灭的。

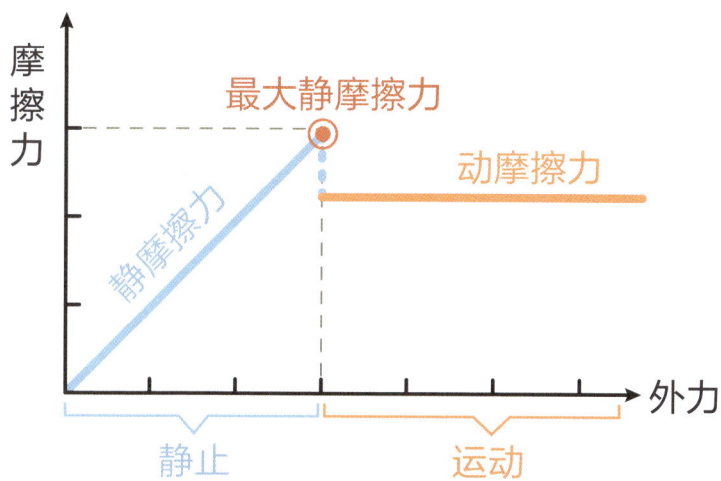

摩擦力

最大静摩擦力

动摩擦力

静摩擦力

外力

静止

运动

最大静摩擦力、静摩擦力、动摩擦力三者的关系

23 洛伦兹力

f 　搜寻人、地点和事物 　🔍　　　☀ 一奈米的宇宙　　👥 💬7 🌐18

洛伦兹
125年前 · 🌐

人是孤独的，
因为在这电磁力主宰的宇宙，
我们这辈子永远无法真正碰到对方，
甚至无法碰到自己。

😢 呜　💬 留言　➤ 分享

👍😢 你、质子、中子、电子和其他2176人

质子 电子我俩明明情投意合，却被迫相隔天涯
赞 · 回复 👍238 · 125年前

　玻尔 sorry
　赞 · 回复 👍112 · 84年前

　☀ 回复……

中子 质子你都有我了！😣
赞 · 回复 👍305 · 125年前

☀ 留言……

👤 关于人生

独自坐在拥挤的火车上，我出神地望着来来往往的人群，有些人匆匆下车，有些人依依不舍，每个人脸上都流露出今天的情绪。我忽然想起过往，很多人曾经出现在我的生命里，也有不少人离去了——你我终究都是一个人来到这世上，最后也是一个人离去。

📄 一奈米教室

电磁力是处于电磁场的带电粒子所受到的作用力。在电动力学里，电磁力称为"洛伦兹力"。对于决定日常生活所遇到的物质的内部性质，电磁力扮演重要角色。在物质内部，分子与分子之间彼此相互作用的分子间作用力，就是电磁力的形式之一。分子间作用力促使物质呈现出各式各样的物理与化学性质。

日常生活中所感受到超过原子尺度以外的现象，除了重力以外，其他都是电磁力所造成的，包括日常感受到推或拉一物体的力，都可以解释为身体分子和物体分子的分子间作用力。从微观来看，一个人身上的原子不可能真正接触到另一个人（或自己）身上的原子，因为原子之间靠近到一定程度就会出现电磁力所提供的斥力来使两原子无法接近。

亨德里克·安东·洛伦兹
Hendrik Antoon Lorentz

✓朋友 ✓追踪中 ⊙发讯息

动态时报　关于　朋友　相片　更多

ⓘ 简介
🕐 在荷兰任职诺贝尔奖得主
🏛 曾就读于莱顿大学
📖 就任于荷兰皇家艺术与科学学院

朋友
彼得·塞曼　麦克斯韦　梦可·法拉第
玻尔兹曼　威廉·维因　亨利·庞加莱

中文　English(US)　Espanol
Portugues (Brasil)　Francais (France)

隐私政策 – 使用条款 – 广告 – Ad Choices – Cookie
– 更多▾
Facebook © 2017

洛伦兹 与法拉第、厄斯特、麦克斯韦。
125年前

所以谁才算电磁学之父？

👍赞　💬留言　↗分享
你、法拉第、厄斯特、麦克斯韦和其他2476人
法拉第　不然来打一架？
赞·回复 👍905·125年前
留言……

洛伦兹 与彼得·塞曼。
115年前

我解释了你提出的效应，为什么诺贝尔奖还要分你一半

亨德里克·安东·洛伦兹 (Hendrik Antoon Lorentz)

1853.7.18—1928.2.4

出生于荷兰

洛伦兹曾与塞曼（Pieter Zeeman）共同获得1902年诺贝尔物理学奖。洛伦兹主要闻名于电磁学与光学领域，所提出的古典电子理论，在诸多领域上应用甚广。例如，电磁场对于带电粒子的作用力（也就是洛伦兹力）、介质折射率与其密度的关系（洛伦兹-洛伦茨方程式）、光色散理论以及对于一些磁学现象的解释。这些研究成为后来"狭义相对论"与量子物理的基础。简而言之，洛伦兹在热力学、分子运动学、"广义相对论"等多重领域都有所贡献。

17岁的洛伦兹考上了当时荷兰最古老的大学——莱顿大学，并且结识了麦克斯韦（James Clerk Maxwell）。洛伦兹当时的研究重点便是麦克斯韦的电磁学理论，同时，洛伦兹还利用学校的实验室进行了一系列光学与电磁学研究实验。1878年，年仅25岁的洛伦兹就成了莱顿大学的理论物理学教授，因为他授课时十分有条理，也乐意对一般民众进行科普教育，受到了广大民众的欢迎。

1892年，洛伦兹进一步解释自己所提出的电子理论，同时还以之解释了多种光学现象，其中比较具有突破性成就的是他成功解释了塞曼所提出磁场中出现的谱线分裂现象，也就是"塞曼效应"——洛伦兹与塞曼正是因为这个共同成就获得诺贝尔物理学奖。

24 地动仪

f　搜寻人、地点和事物　🔍　　※ 一奈米的宇宙　　💬7 🌐19

张衡
阳嘉元年 · 🌐

好朋友就像是地动仪，
在我熟睡时提醒我，
老师将从东南方走来。

😆 哈　💬 留言　➤ 分享

👍😆 你、司马相如、班固和其他6254人

老师 OK 明天来换位置了
赞 · 回复 · 👍281 · 阳嘉元年

小明 白痴你又忘记改观看权限
赞 · 回复 · 👍915 · 阳嘉元年

张衡 没关系我还发明了浑天仪
赞 · 回复 · 👍331 · 阳嘉元年

※　留言……

👤 关于人生

人生总会有过不去的时候，昨天不小心熬到深夜，早上又是无聊透顶却又不能不到的课，我坐在位置上，没几秒就失去意识地睡去，还做了好长的一个梦。突然有人用力推了我左手臂一下，我立刻惊醒，一抬头就看到教授散发威吓的眼神，瞬间睡意全消，心中对一旁的好朋友抱着万分感激之情，患难的时候，你就会知道谁是真正的朋友。

📗 一奈米教室

地动仪是由青铜制成的，直径接近2米，仪器周边八个方位各铸一条龙，每条龙头正下方都对应着一只仰着头、张着嘴的蟾蜍。

地动仪中心有一支都柱（都柱在房子里就是建筑中心柱），都柱周围与仪体相接的八个方向各有一组杠杆机械。若受到地震波的震动影响，导致整个内部机械装置的平衡受到破坏，都柱就会往地震传来的方向倒下去，同时触动该方位的杠杆机械装置，使得与这组机械装置相连接的龙头吐出珠子，进而判断地震传来的方向。

f 　搜寻人、地点和事物　🔍　　　⬜ 一奈米的宇宙　　👥 💬 7 🔔 19

张衡
平子

✓朋友▾　✓追踪中▾　💬发讯息　⋯

动态时报　关于　朋友　相片　更多

🔵 简介

▪ 担任尚书侍郎
▪ 担任太史
▪ 担任天文学家
▪ 担任地理学家
▪ 担任数学家
▪ 担任科学家
▪ 担任发明家
▪ 担任文学家

🔴 朋友

司马相如　扬雄　班固

中文 · English(US) · Espanol ·
Portugues (Brasil) · Francais (France)　　　＋

隐私政策 – 使用条款 – 广告 – Ad Choices – Cookie
– 更多▾
Facebook © 2017

　张衡 😞 觉得GG。
　永和三年 · 🌐

死了……
忘了设定观看权限，要被皇帝叫回京城了……

👍赞　💬留言　➤分享

🔵 你、班固、扬雄和其他2476人

▫ 留言……

　张衡
　永和三年 · 🌐

身为一个天才，就该知道怎么用脚趾作画。

👍赞　💬留言　➤分享

🔵 你、汉顺帝和其他1693人

🔹 汉顺帝 ✅ 所以上次你献上的画作才会这么臭
　赞 · 回复　👍1.3万 · 永和三年
▫ 留言

　张衡
　永和三年 · 🌐

张衡

78—139年 出生于中国（东汉）

张衡，字平子，是东汉著名的科学家，同时也是士大夫、天文学家、地理学家、数学家、文学家等。他曾担任太史令、侍中、尚书等官职。

张衡在天文学的领域上，主张"浑天说"，认为天空是球状，还着手改良了前人的设计，制作了第一架浑天仪。浑天仪的天球半露在地平圈上，半隐在地平圈下，天轴则支架在子午圈上，天球可绕天轴自行转动，与实际天球运动相一致，可预报天体的运动情况。

张衡是中国第一个正确指出月食成因的人，他认为月食是地球本身的影子遮掩到了月亮引起的，并测量出日、月的视直径大约等于0.5度。张衡也绘制星象图，曾记录了高达124个星座、2500颗星星（包含320颗有名字的星星）。

130年，张衡推算出了圆周率为3.1622，与现今的圆周率的近似值已非常接近。

132年，张衡发明并制造了世上第一部验震器"地动仪"，还发明了机械日历，改良了漏刻的构造。

多才多艺的张衡还是有名的辞赋家，被列入汉赋四大家，可谓百年难得一见的天才。他的贡献除了将汉赋推至高峰之外，并将过往用来歌功颂德的长赋转往抒情的小赋，著有《二京赋》《南都赋》《归田赋》等。他在绘画上同样也表现出色，并列东汉六大画家。唐代《历代名画记》曾记载张衡用脚趾画怪兽以压服怪兽的传说。

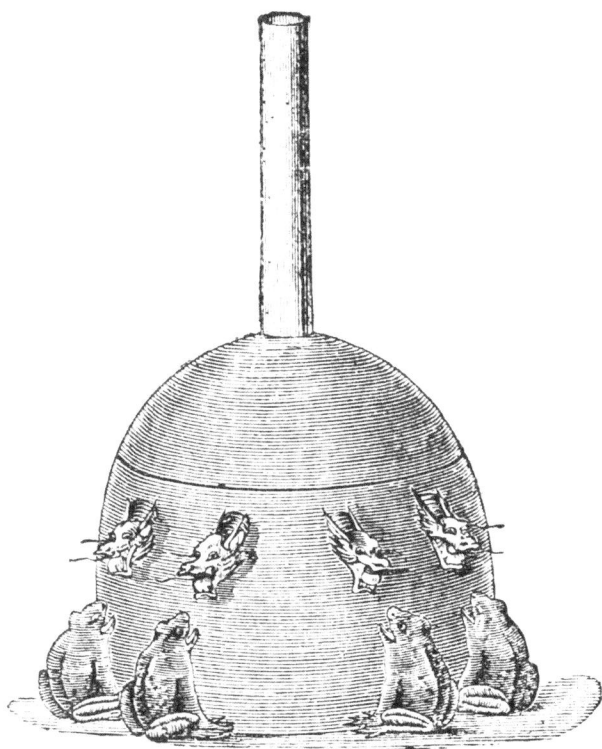

后世对地动仪的想象图/维基百科

Chapter 04

眷世

我不完美，我很平凡，

有时很厌世，但我仍依恋这个世界

25 质量守恒

f 搜寻人、地点和事物 🔍 ▪ 一奈米的宇宙 👥 💬7 🌐19

拉瓦锡 😄 觉得有信心。
231年前 · 🌐

你的体重就像质量守恒定律一样，再怎么减，还是那样。

👍 赞　💬 留言　➤ 分享

👍 你、汤姆孙、卢瑟福和其他2736人

质量守恒 躺着也中枪
赞 · 回复 👍147 · 231年前

爱因斯坦 ✅ 想清楚……
赞 · 回复 👍8135 · 231年前

劳动者 我的房贷，再怎么还不是那样……
赞 · 回复 👍15 · 3小时

　劳动者 还有车贷 ……
　赞 · 回复 👍91 · 3小时

　劳动者 台湾什么都可以贷
　赞 · 回复 👍131 · 3小时

👤 关于人生

好不容易提起动力去慢跑，踏出的每一步却都在告诉我再也跑不动了。今天实在是消耗太多体力了，晚餐一定要多吃一点补回来，于是我吃了一个排骨便当、一碗面线糊，还喝了大杯珍珠奶茶。其实世界上有很多事就像质量守恒，像是减肥，再怎么减，还是那样。

📗 一奈米教室

质量守恒定律表示，任何一种化学反应，其反应前后的质量总和是不变的。但是，反应在作用时需要在密闭环境下，质量才会相同；若是在开放系统中，反应前后的质量总和有可能不同。例如，反应后产生了气体，该气体逸散至大气中，则反应后的质量总和就会减少。

牛顿力学的"质量守恒定律"，与化学领域的"质量守恒定律"是相同的，都可以称为"静止质量守恒定律"，但这个定律在现代物理学体系内不再成立，取而代之的是"运动质量守恒定律"，不会混淆时也简称"质量守恒定律"。至于讨论核反应前后的质量总和的不同，就应该使用爱因斯坦提出的"质能守恒定律"。

f 搜寻人、地点和事物 🔍 · ⚙ 一奈米的宇宙 👥 💬⁸ 🌐²⁶

拉瓦锡
Antoine Laurent de Lavoisier

✓朋友 ▾ ✓追踪中 ▾ ⊙发讯息 ···

动态时报　关于　朋友　相片　更多

⊙ 简介

🕐 1743年8月26日出生于法国
🎓 就读巴黎大学法学院
💼 在法国担任贵族
💼 在法国担任税务官
🎓 撰写《化学基本教程》

⚑ 朋友

蕾塔　　拉普拉斯　　亨利·卡文迪许

贝托莱　　孔多塞　　拉格朗日

拉瓦锡 😎 觉得有信心。
231年前 · 🌐

蒸馏水已经密封加热到第91天了，到底水会不会变成土呢？我是不信

😆哈　💬留言　➤分享

👍❤ 你、拉普拉斯、拉格朗日和其他276人

波意耳 朋友，相信四元素说的都是笨蛋。
赞 · 回复 👍438 · 231年前

　拉瓦锡 完全同意！
　赞 · 回复 👍72 · 231年前

　回复

玛丽–安娜·皮埃尔莱特老公，在家里用火要注意 ❤
赞 · 回复 👍1905 · 231年前

　留言……

拉瓦锡 😊 觉得国王要生气了。
230年前 · 🌐

求脸书大神，到底该怎么提高硝石制备法的效率

👍赞　💬留言　➤分享

👍❤ 你、蕾塔和其他193人

拉瓦锡 (Antoine Laurent de Lavoisier)

1743.8.26—1794.5.8 　　　　　　　　　　　　　　　　出生于法国

　　拉瓦锡是法国贵族，在当时就是有名的化学家、生物学家，除了命名了氧、氢等元素，甚至还预测了硅的存在，并提出化学命名的方法。第一部现代化的化学教科书《化学基本教程》就是由拉瓦锡编撰的。拉瓦锡还推翻当时科学家普遍接受的"燃素说"，更正为"氧化说"。拉瓦锡对后世影响深远，被后世尊称为"近代化学之父"。

　　到了1770年左右，仍然有一派学者认为只要把水长时间加热，就会生成出土类的物质（在那个年代，人们普遍相信古希腊提出的"四元素说"）。而拉瓦锡为了搞清楚这个问题，将蒸馏水密封加热了超过100天，发现确实有少量的固体沉淀在容器底部。他进一步使用天平去测量后，却发现那些固体的质量恰恰等于容器减少的质量，而水的质量并没有变化！从此驳斥了水加热生土的观点，并提倡与改良定量分析的方法，提出了"质量守恒定律"。

　　拉瓦锡出生于巴黎的律师家族，家人无不希望他也能成为优秀的律师，于是他在家人的期望之下进入了知名的巴黎大学法学院。尽管如此，拉瓦锡仍被自然科学所深深吸引，并通过课余时间不断学习,在25岁时,成为当时巴黎科学院的院士。

1775年,路易十六宣布将火药工业国有化,拉瓦锡被派往巴黎军火库进行国有化工作,同时受命设计新的硝石制备方法来提高黑火药的质量,他的氧化学说研究正好派上用场。

为了统一法国度量衡,拉瓦锡主张采取地球极点到赤道的距离的1/1000万(约等于1米)为长度标准。他还提出以1000克为质量标准,定密度最大时的1立方分米水的质量为1000克。

拉瓦锡曾任税务官,当时税务官收入很高,因此纳税的民众、农民对税务官的仇恨情绪非常强烈,最终拉瓦锡在法国大革命期间被定罪处死。

拉瓦锡与夫人、助手正进行一连串关于呼吸的实验/维基百科

26 地心引力

f 搜寻人、地点和事物 🔍   ☀ 一奈米的宇宙   👥 💬⁷ 🌐¹⁹

亚里士多德
公元前361年 · 🌐

胖子也是有比瘦子还要快的时候的：
吃东西的时候，
还有从楼上跳下来的时候。

👍 赞　💬 留言　➤ 分享

👍 你、亚里士多德和其他21人

对 **胖子** 整天消费我
　　　赞 · 回复 👍 323 · 3小时

⬆⬆ **空气阻力** 楼上我对不起你
　　　赞 · 回复 👍 3095 · 122年前

　　　亚里士多德 你谁？？？
　　　赞 · 回复 👍 187 · 3小时

　　　回复……

✳ 留言……

👤 关于人生

全世界都以为胖子动作很慢，说我们动作慢、走路慢、脑子动得也慢，但其实人们都不知道，上天是公平的，说到吃东西的速度我们绝对不会输。当然，还有从楼上跳下来的时候，我们可就比瘦子快多了。

📋 一奈米教室

地心引力是因地球本身的质量而具有的重力。在忽略空气阻力的状况下，地球表面的重力加速度约等于9.8m/s，所以在此情况下，一物体自由落下只会受到地球引力而产生加速度运动，落下经一秒后速度为9.8m/s，两秒后增加为19.6m/s。当时亚里士多德提出的理论是，质量大的物体会坠落得比质量小的物体还快。然而我们现在已经知道，在真空中让羽毛和千万倍重量的铁球同时落下，两者会以同样的加速度加速，并同时接触到地面，因此，亚里士多德的描述是错误的。

🇫 搜寻人、地点和事物 🔍　　　　　　　　⬜ 一奈米的宇宙　　🔔 8　🌐 26

亚里士多德
Αριστοτλης

✓朋友 ▾　✓追踪中 ▾　💬发讯息　⋯

动态时报　　关于　　朋友　　相片　　更多

🔵 简介

☎ 在古希腊担任哲学家

📖 担任亚历山大大帝的老师

👥 朋友

柏拉图　　苏格拉底　　狄奥弗拉斯图

中文 · English(US) · Espanol
Portugues (Brasil) · Francais (France)

＋

亚里士多德 😎 觉得有被讨厌的勇气。
公元前361年 · 🌐

我爱我的老师，但我更爱真理。

👍赞　💬留言　↗分享

😊 你、柏拉图、苏格拉底和其他276人

柏拉图 小子 想 清楚

✓朋友 ▾　✓追踪中 ▾　💬发讯息

赞·回复 · 👍438 · 公元前361年

💬 留言⋯

亚里士多德 😵 觉得快整死我了。
公元前359年 · 🌐

物体坠落显然会加速，到底该怎么修正理论呢？

👍赞　💬留言　↗分享

👍 你、柏拉图和其他193人

亚里士多德 （Αριστοτέλης）

公元前384—公元前322年　　　　　　　　　出生于古希腊（马其顿）

亚里士多德是古希腊著名的哲学家，师承柏拉图，祖师苏格拉底，他们并称"希腊三哲人"。他同时也是亚历山大大帝的老师。

亚里士多德对于多项领域皆有深入研究，举凡解剖学、天文学、经济学、胚胎学、地理学、地质学、气象学、物理学、动物学、伦理学、心理学、神学、美学、文学、教育学、政治学都在他观察与研究的范围之内。而正因为他的研究广泛又深入，几乎可以说是当时希腊人的移动百科全书。

亚里士多德在神学与哲学上的思想影响了伊斯兰教与犹太教，而在中世纪的基督世界中，他的思想也持续影响着基督教的神学思想，甚至包含天主教教会的学术传统。

然而，亚里士多德对于科学的贡献却大多是理论性质，而非实际数据。尤其是到了16世纪以后，科学家们开始利用数学来研究物理科学，过去亚里士多德的理论立刻被找出非常多的错误。他的错误主要是因为不知道如何测量质量、速率、力量等，而只是用简单的概念来观察与推测，或者仅能使用简单的实验设备（如温度计）。

举例来说，亚里士多德认为物体需不断保持外力的推动才能保持运动。然而牛顿却推翻了这一说法，牛顿认为："力不是保持物体运动的直接原因，力只能改变物体的运动状态。"

亚里士多德在物理学上的思想从古希腊持续影响到了文艺复兴时期，更是中世纪整个学术思想的主流，牛顿的成就虽然取代了亚里士多德的诸多理论，但亚里士多德作为古典物理学开辟者所做出的贡献仍不可磨灭。

亚里士多德与其著名的学生亚历山大大大帝/iStock

27 惯性定律

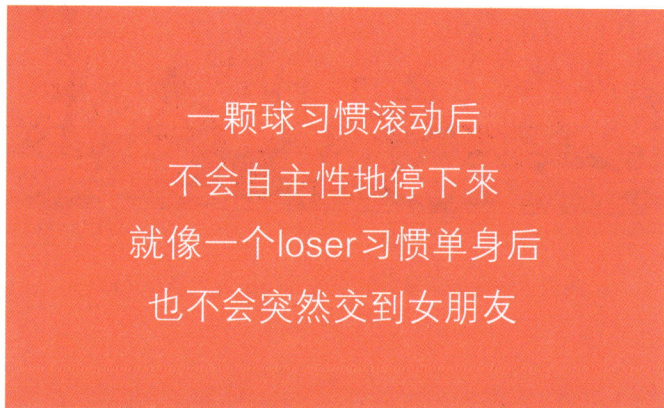

f 搜寻人、地点和事物 🔍　　☀ 一奈米的宇宙　👥　💬 1　🌐 4

牛顿
351年前 · 🌐

一颗球习惯滚动后
不会自主性地停下來
就像一个loser习惯单身后
也不会突然交到女朋友

😆 哈　　💬 留言　　➤ 分享

👍😆 你、胡克和其他2417人

☀ 一奈米的宇宙 死心吧! 你没有女朋友是因为缺乏外力
赞 · 回复 👍427 · 3小时

👤 关于人生

养成一个新的习惯平均需要21天的时间,花21天的时间习惯早睡早起,花21天的时间养成慢跑习惯,也花21天的时间熟悉一个人。一旦我们习惯了某些人、某些事,我们甚至会把情感加在这些惯性上面,让惯性更加牢固——人果然是向往稳定的动物。

📋 一奈米教室

惯性定律(牛顿第一运动定律)指运动中的物体,在不被施加外力或所施加外力之合力为零的状况下,将继续保持等速度直线运动;原本呈静止状态的物体则继续保持静止状态。这种物体保有其原本运动状态的性质称作"惯性"。

举例来说:一等速飞行的球,若没受到摩擦力或空气阻力等外力影响,将永无止境地继续等速飞行下去;一旋转中的物体,若无任何其他外力介入,将会永无止尽地旋转下去。

f　搜寻人、地点和事物　🔍　　　　　一奈米的宇宙　👥　💬1　🌐4

艾萨克·牛顿 ✔
Isaac Newton

✓朋友▼　✓追踪中▼　💬发讯息　···

动态时报　关于　朋友　相片　更多

🔵 简介

- 🏛 就读国王中学
- 🏛 就读剑桥大学的三一学院
- 💼 担任伦敦皇家铸币厂监管
- 💼 在皇家学会担任老大
- 💼 在英国担任爵士

👥 朋友

胡克　姚兰斯蒂德　埃德蒙·哈雷

安妮女王　芭古拉·菜蒂美芙勒

中文 · English(US) · Espanol ·
Portugues (Brasil) · Francais (France)　　　➕

隐私政策 – 使用条款 – 广告 – Ad Choices – Cookie
– 更多▾
Facebook © 2017

牛顿 😑 觉得莫名其妙。
351年前 · ⚙

喷，批评我做的望远镜，还要来回复我的动态。

👍赞　💬留言　➤分享

👍 你、安妮女王和其他925人

一奈米的宇宙　很好奇是谁看不到这则贴文XD
赞 · 回复　👍41 · 3小时

💬 留言……

牛顿 😠 觉得讨厌苹果。
351年前 · 🌐

可恶，头好痛。

😆哈　💬留言　➤分享

😆 你、胡克和其他155人 ·

胡克　活该 呵呵
赞 · 回复　👍917 · 351年前

💬 留言……

艾萨克·牛顿 (Isaac Newton)

1643.1.4—1727.3.31 　　　　　　　　　出生于英国（英格兰）

　　牛顿是重量级物理学家、数学家、天文学家以及炼金术士，他深受笛卡儿（René Descartes）、伽利略（Galileo Galilei）、哥白尼（Nicolaus Copernicus）、波意耳（Robert Boyle）的影响。

　　1665年，牛顿发现了广义二项式定理，并开始拓展一整套全新的数学理论，也就是后来举世闻名的微积分学。牛顿与莱布尼茨（Gottfried Wilhelm von Leibniz）几乎是在同时间提出了微积分的概念，各自的拥护者为此争论了数百年，迄今未休。牛顿为了证明广义二项式定理，提出了"牛顿法"——这是一种寻找方程的近似根的重要方法，现在则广泛应用于电脑程式设计中。

　　1666年至1667年，伦敦暴发鼠疫，牛顿被迫离开大学回家避难，在这段短暂的时间内他奠定了光学与万有引力定律的基础。在光学领域当中，牛顿观察了光的折射现象，发现棱镜能将白光中不同的色光分散为彩色光谱，然后可以再通过另外一组透镜与棱镜将色光重新组成回白光。基于这样的观察，他发展出了一套颜色理论。此外，牛顿也发明了反射望远镜，有系统地描述了冷却定律，还研究音速。

　　1679年，牛顿重回力学的研究，包括重力与其对行星轨道的作用、开普勒（Johannes Kepler）的行星运动定律等。牛顿论述动量守恒与角动量守恒原理，并证明了地球上的物体与宇宙天体适用于相同的物理定律，为太阳中心学说提供了强而有力的证据支持，间接掀起了科学革命。但因为胡克（Robert Hooke）不认同牛顿对于光学、望远镜等研究的看法，两人成为死对头。

牛顿在旷世巨作《自然哲学的数学原理》里描述了万有引力与其知名的牛顿三大运动定律，奠定了此后天文学与力学的基础，更是现在工程学的基本知识，因此牛顿注定被载入史册。

学术研究之外，牛顿还曾因为担任伦敦皇家铸币厂的监管，解决了伪币问题，促使英国的流通货币从银本位转移到了金本位，安定了货币金融。

1705年，英国女王安妮（Anne）册封牛顿为爵士。

1727年3月31日，牛顿在伦敦与世长辞，并长眠威斯敏斯特大教堂，是英国史上第一个获得国葬的科学家。

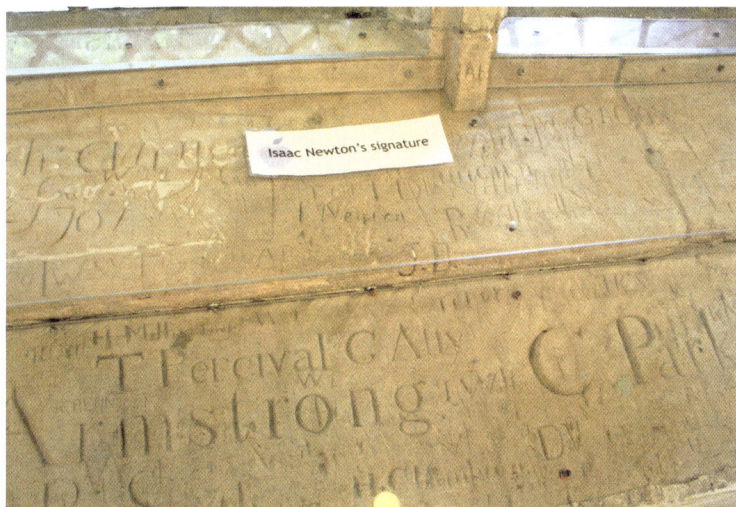

牛顿在国王中学窗台所留下的签名/维基百科

28 原子模型

---

f | 搜寻人、地点和事物 🔍 | ✳ 一奈米的宇宙 | 👥 💬⁸ 🌐³⁰

卢瑟福 🍴 在吃空气。
108年前 · 🌐

原子的密度跟便利商店的薯片一样，
内部的空间大部分是空无一物的。

😡 怒 　💬 留言 　➤ 分享

👍😡 你、查德威克和其他1975人

乐事 @多力多滋 @卡迪那 @品客　开战！！！
赞 · 回复 👍978 · 5小时

　品客 不然现在是怎样？
　赞 · 回复 👍94 · 3小时

　奥利奥 转一转、舔一舔，再泡一泡牛奶！
　赞 · 回复 👍67 · 2小时

　回复……

查德威克 饿了……
赞 · 回复 👍114 · 108年前

✳ 留言……

👤 关于人生

心血来潮约了几个好朋友晚上小酌几杯，酒局一定少不了几包薯片来跟酒精完美搭配。拿了几瓶啤酒，加上几包薯片，想说应该够下酒了，回家坐定后打开一包薯片，我彻底傻了，只见几片薯片零落在最底层，整包几乎是空的……

📗 一奈米教室

卢瑟福的原子模型指出在一个原子之中，所有带正电的粒子都集中在原子中心很小的区域里，该区域也就是"原子核"，且一原子所带有的质量绝大部分都聚集在原子核里。

上述是卢瑟福经由"以 α 粒子撞击金箔的散射实验"所得到的结论，他所采用的金箔厚度仅有几个原子，实验结果发现，大约每8000个 α 粒子撞击该金箔的过程中，就会出现一个大角度散射，而其他粒子则会以直线直接穿越金箔。卢瑟福因此断定：一原子大多数的质量和正电荷都集中在非常小的区域中，原子内部大多的空间都是空无一物的。

f 搜寻人、地点和事物 🔍　　　　　　　■ 一奈米的宇宙　　👥　💬⁸　👤³⁰

欧内斯特·卢瑟福
Ernest Rutherford

✓朋友▾　✓追踪中▾　💬发讯息　…

动态时报　关于　朋友　相片　更多

🌐 简介
- ■ 担任皇家学会会长
- ■ 难民学者协助理事会主席

👥 朋友

约瑟夫·约翰·汤姆森　詹姆斯·查德威克　约翰·考克饶夫

欧内斯特·瓦尔顿　玻尔　哈恩

中文 · English(US) · Espanol ·
Portugues (Brasil) · Francais (France)　[+]

隐私政策 – 使用条款 – 广告 – Ad Choices – Cookie
– 更多 ·
Facebook © 2017

卢瑟福
108年前 · 🌐

有个饼干厂商一直到我的留言板打广告

👍赞　💬留言　➤分享

👍 你、查德威克和其他309人

奥利奥 转一转、舔一舔，再泡一泡牛奶！
赞·回复　💬49 · 108年前

💬 留言……

卢瑟福 😓觉得GG。
108年前 · 🌐

好几家饼干厂商同时告我……

👍赞　💬留言　➤分享

👍 你、奥利奥和其他129人

奥利奥 转一转、舔一舔，再泡一泡牛奶！
赞·回复　💬33 · 108年前

💬 留言……

欧内斯特·卢瑟福　(Ernest Rutherford)

1871.8.30—1937.10.19　　　　　　　出生于新西兰（英国殖民地）

卢瑟福虽然出生于新西兰，但在拿到奖学金之后，他就搬到英国就读剑桥大学，他被誉为"原子核物理学之父"。

卢瑟福在博士生时的指导老师是汤姆孙（Joseph John Thomson），也就是电子的发现者，在他们研究物质放射性期间，卢瑟福命名了两种射线：α 射线与 β 射线，再经实验测定后发现 β 射线其实就是具有强穿透力的高速电子，更证明放射性其实就是源自原子的自然衰变，而 α 射线其实本身就是氦的原子核。这些发现让卢瑟福荣获 1908 年诺贝尔化学奖。

1898 年，卢瑟福在加拿大做实验的过程中，意外发现了放射性物质的半衰期与其相关应用，并证实放射性元素会导致单一元素转变成另外一个元素。

1907 年，卢瑟福搬回英国，他所领导的研究团队在 α 粒子撞击金箔的散射实验中发现，带正电的粒子都集中在原子中一处很小的区域里面，而且这区域同时还是原子质量大部分集中的地方（后来称为"原子核"），于是卢瑟福便提出了"卢瑟福原子模型"，成功解释了原子的模样。此外，卢瑟福在氮与 α 粒子的核反应中成功地将原子分裂，并发现了质子。

卢瑟福门下知名学生不计其数，也先后获得多次诺贝尔奖，为师门增光：詹姆斯·查德威克（James Chadwick）发现了中子，约翰·考克饶夫（John Douglas Cockcroft）和欧内斯特·沃尔顿（Ernest Thomas Sinton Walton）完成了利用粒子加速器分裂原子的实验，而爱德华·阿普顿（Edward Appleton）则证明了电子层的存在。

　　卢瑟福在1925年获得英国政府颁发的功绩勋章，还被册封为男爵。卢瑟福本身有轻微疝气，因没有积极治疗，最后恶化成肠梗阻，不幸于1937年过世。死后，他被葬在对科学家来说是最高荣誉的威斯敏斯特大教堂，与牛顿等伟大科学家并列。

美国原子能委员会的标志
即源自卢瑟福原子模型/维基百科

29 离心力

f　搜寻人、地点和事物　🔍　　※ 一奈米的宇宙　👥 💬 4 🌐 14

惠更斯
351年前 · 🌐

一股名为"长大"的离心力，
把小时候的我越甩越远。

👍 赞　💬 留言　➦ 分享

👍 你、胡克、牛顿和其他211人

牛顿 想象力丰富？
赞 · 回复 👍538 · 351年前

　　惠更斯 我提出的你有种别用！
　　赞 · 回复 👍91 · 351年前

　　牛顿 凶屁凶……
　　赞 · 回复 👍431 · 351年前

　　回复……

※　留言……

👤 关于人生

我永远记得赤脚踏在泥土上，微风吹来微微的稻香，什么也不用烦恼的小时候。后来，书包越来越重，待在学校的时间越来越长，虽然学会了很多新的知识，但是小时候也离我越来越远。很多时候我还是会想起泥土的触感，无论过了多久，童年是永远不会离开一个人的。

📋 一奈米教室

离心力属于一种惯性力，它会使旋转中的物体感受到远离旋转中心的力。离心力在牛顿力学里，曾被用来表述在非惯性参考坐标（如旋转参考坐标）下观测到的惯性力，也曾被认为与向心力互为作用力与反作用力。

但事实上离心力并非真实存在。在非惯性参考坐标里，必须引入离心力这个假想力，牛顿运动定律才能被使用，而在惯性参考坐标中则没有离心力。

f 搜寻人、地点和事物 🔍 　　▦ 一奈米的宇宙 　👥 💬⁴ 👥¹⁴

克里斯蒂安·惠更斯
Christiaan Huygens

✓朋友 ▾ 　✓追踪中 ▾ 　💬发讯息 　…

动态时报　　关于　　朋友　　相片　　更多

🕐 **简介**

🗄 担任 英国皇家学会会员
🏛 担任 荷兰科学院院士
🏛 担任 法国皇家科学院院士

👥 **朋友**

路易十四　　莱布尼茨　　艾萨克·牛顿

布莱兹·帕斯卡　　罗伯特·胡克

中文 · English(US) · Espanol ·
Portugues (Brasil) · Francais (France)

➕

隐私改策 – 使用条款 – 广告 – Ad Choices – Cookie
– 更多·
Facebook © 2017

惠更斯 跟胡克。
351 年前 · 🌐

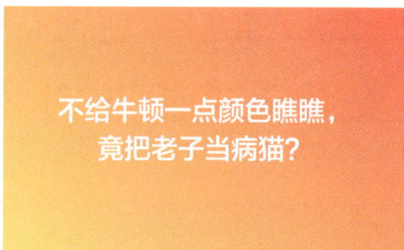

**不给牛顿一点颜色瞧瞧，
竟把老子当病猫？**

👍赞　💬留言　↗分享

👤 你、拉普拉斯、格格朗日和其他276人

🖼 **胡克** 白痴微粒说
　　赞·回复 👍328 · 351 年前
　　🖼 **牛顿** 白痴波动说
　　　　赞·回复 👍9487 · 337 年前
　　🖼 **爱因斯坦** 都别争了，在座的各位都是白痴。
　　　　赞·回复 👍1.9万 · 138 年前
　　🖼 回复……

🖼 留言……

克里斯蒂安·惠更斯 (Christiaan Huygens)

1629.4.14—1695.7.8 出生于荷兰

惠更斯小时候先是跟随父亲学习，长大后进入莱顿大学学习法律与数学。

笛卡儿曾经担任过惠更斯的老师，惠更斯在其指导下于1651年发表了第一篇论文，主题是计算曲线所围绕区域之面积，是后来微积分的起源之一。后来惠更斯指导过莱布尼茨学习数学，与牛顿等人也有往来。

为了方便观测，惠更斯发明了惠更斯目镜，并改良当时透镜使用的效率。1655年，惠更斯发现土星环，并利用自制的折射望远镜发现了土星的著名卫星——土卫六，还有猎户座大星云，并记录下来。

在力学领域，惠更斯则延续伽利略的观察，提出钟摆运动的公式，并于1656年设计并制造出取代重力齿轮的摆钟。他也证明了在完全弹性碰撞中的动量守恒。

对于数学，惠更斯受到帕斯卡（Blaise Pascal）的鼓励，在1657年发表了《论赌博中的计算》，这可视为概率学的先河。惠更斯同时对于二次曲线、复杂曲线与平面曲线都有所研究，也提出了旋轮线就是最速降线等概念。

1666年，惠更斯在路易十四的邀请之下成为皇家科学院院士，他也利用当院士的机会，在巴黎天文台建造好之后，进行了一连串天文观测。

在物理学领域，惠更斯提出了光的波动说，与当时牛顿主张的粒子说相互冲突，双方争执不下，闹得不可开交。但后来近代的科学家证实光其实具有波粒二重性，因此两个人实际上都没有错。此外，他更在《光论》一书中提出了惠更斯原理，认为波前的每一个点都可以视为能产生球面次级波的点波源，而我们所观察到的波前，就是这些次级波的包络。

1684年，惠更斯公开自己新发明的"空中望远镜"，并宣称有外星生命的存在，甚至在过世前努力写书留下他对外星生物的想法。

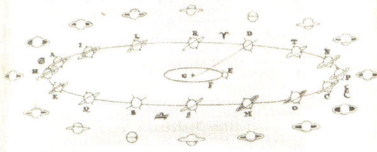

SVSTEMA SATURNIUM. 55

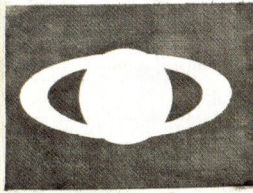

Cujus phaseos vera proinde forma, secundum ea quæ supra circa annulum definivimus, ejusinodi erit qualis hic delineata cernitur, majori ellipsis diametro ad minorem se habente fere ut 5 ad 2.

Atque

惠更斯对土星的观察记录 / 维基百科

30 大陆漂移学说

f 搜寻人、地点和事物 🔍 ☀ 一奈米的宇宙 💬11 📘1

魏格纳
102年前 · 🌍

肚子就像板块，
只不过板块是漂移得越来越分散，
肚子则是漂移得越来越团结。

😆 哈　💬 留言　➤ 分享

👍😆 你、魏格纳、彼得·柯本和其他35人

彼得·柯本 有些人出生后就没分散过，像是我
赞·回复 👍39 · 102年前

约翰·希南 YOU CAN SEE ME NOW!
赞·回复 👍1314 · 3小时

　　魏格纳 EXCUSE ME?
　　赞·回复 👍347 · 3小时

　　回复……

留言……

👤 关于人生

想当年我的人生也是意气风发过的，不要说什么板块，我可是有货真价实的六块腹肌，谁知道到了中年，那些消夜吃的盐酥鸡，和客户应酬喝的啤酒，全都回过头来累积成现在肚皮上消不去的肥肉。岁月在我脸上没留下什么痕迹，倒是深刻地留在我的肚皮上了。

📋 一奈米教室

大陆漂移学说最初由16世纪末的地理学家亚伯拉罕·奥特柳斯（Abraham Ortelius）提出，后来德国科学家魏格纳在1912年加以阐述。该学说认为远古时代的地球只有一块"泛古陆"（或称"盘古大陆"）的庞大陆地，被称为"泛大洋"的水域包围，大约于两亿年前，该大陆开始破裂，到距今二三百万年以前形成现在七大洲和四大洋的基本地貌。

值得一提的是"大陆漂移学说"与"板块构造学说"有着根本的不同，前者假设推动力是潮汐，后者是假想地幔出现对流而拖动板块。

f | 搜寻人、地点和事物 🔍 | 一奈米的宇宙 👥 💬11 🌐1

阿尔弗雷德 · 魏格纳
Alfred Lothar Wegener

✓朋友▾ ✓追踪中▾ 💬发讯息 ···

动态时报　关于　朋友　相片　更多

🌐 **简介**

📍 在德国担任地质学家
🚌 曾就读柏林大学
💼 在全世界担任探险家

👥 **朋友**

柯本　　挨里克森　　包辛格

中文 · English(US) · Espanol ·
Portugues (Brasil) · Francais (France)

＋

隐私政策 – 使用条款 – 广告 – Ad Choices – Cookie
– 更多 ·
Facebook © 2017

魏格纳 🙁 觉得神奇。
104年前 · 🌐

非洲的西边和南美洲的东边竟然可以完美地接在一起

👍 赞　💬 留言　➤ 分享

👍 你、乔治·辛普森和其他19人

　乔治·辛普森 无聊
　赞·回复 👍8 · 3小时

　留言······

魏格纳 📍在格陵兰。
105年前 · 🌐

人生就该充满惊奇与冒险!

阿尔弗雷德·魏格纳 (Alfred Lothar Wegener)

1880.11.1—1930.11.2   出生于德国

魏格纳毕业于德国的柏林洪堡大学,毕业后担任过航空气象台助理。早年,魏格纳喜欢研究天文学与气象学,并率先利用气象探测球来追踪空气中湿度、温度的变化,也因此在1908年担任马尔堡大学的气象学、天文学讲师。

在马尔堡大学这段时间,魏格纳发现非洲大陆西岸与南美洲东岸的海岸线有惊人的互补性,经过一番研究后,他推测非洲大陆原本与南美洲相连,于是他把自己的观察与理论,于1915年写成《海陆的起源》。

1926年11月,魏格纳在纽约一场地质研讨会中提出了大陆漂移理论,并提供许多强而有力的证据来佐证他的看法,但在那个年代,大陆漂移的机制尚无法说服当时绝大多数地科专家与地质学家,因此遭到众人批评与嘲笑。当时影响力很大的科学家乔治·辛普森(George Gaylord Simpson)甚至还特别写了文章大力抨击魏格纳,导致魏格纳的理论在整个美国学术圈无法立足。

但魏格纳并没有放弃自己的理论,为了追求更多的证据,他四度前往格陵兰进行极地勘探,研究上层极地的大气与冰河。1930年,他在第四次冒险中,不幸意外身亡,年仅50岁。

这位伟大科学家的理论直到他死后才被众人所接受。

31 蒸汽机

搜寻人、地点和事物　　　　✹ 一奈米的宇宙

瓦特
254年前 ·

我们都是小小的螺丝钉，
却能够一起完成一件很小的大事；
就像水蒸气一样，
聚在一起就能推动火车。

👍 赞　💬 留言　➤ 分享

👍 你、约瑟夫·布莱克和其他3312人

H2O　整天压榨我们
赞·回复 👍438 · 254年前

瓦特　哈哈 瓦特压榨water
赞·回复 👍732 · 254年前

👤 关于人生

写这本书的时候，脑子经常冒出很多以前从未有过的念头，我们并不是成绩多优秀的学生，我们可能只是比别人多了一点傻劲，想到有趣的点子就一头热地往前冲了。更重要的是，这个团队少了任何一个人都不会完整。你我原本都只是一个人，但是现在，我们一起完成了这件很小的大事。

📗 一奈米教室

蒸汽机是一种将水蒸气的动能转为功的动力机械，曾用以驱动泵、火车头和轮船，现在的核能发电及火力发电仍使用蒸汽涡轮发动机来将热能转换为电能。

和最初的蒸汽机相比，现在蒸汽机的转换效率提升许多，几乎可以把燃料的所有热能转化为机械能，而且也不像内燃机那样对燃料很挑剔。值得一提的是，如果没有蒸汽机的发明，我们将无法利用原子能，因为原子反应炉并不会直接产生机械能、电能，它的原理是把水加热，一直到沸腾后产生水蒸气，再利用这些水蒸气通过蒸汽机转化成有用的功。

f 搜寻人、地点和事物 🔍 　　✳ 一奈米的宇宙　　👥 💬 ❶ 🌐❶⁹

詹姆斯·瓦特
James Watt

✓朋友 ▾ 　✓追踪中 ▾ 　⊙发讯息 　…

动态时报　　关于　　朋友　　相片　　更多

🌐 简介

- 🕐 在**月光社**担任一员
- ☎ 就读**格拉斯哥大学**
- 🏢 在**格拉斯哥大学**经营**修理店**
- 🏢 **自然神论者**

👥 朋友

罗瑟夫·布莱克　约翰·罗宾逊　马修·博尔顿

中文 · English(US) · Espanol ·
Portugues (Brasil) · Francais (France)　　　➕

隐私政策 ~ 使用条款 ~ 广告 ~ Ad Choices ~ Cookie
~ 更多 ·
Facebook © 2017

瓦特 😎 觉得骄傲。
254年前 · 🌐

😄

自己的名字被当作"功率"的国际标准单位，
超厉害的。

👍赞　💬留言　➤分享

😊 你、伏特、安培和其他6276人

伏特 还好吧？
赞·回复 👍4138 · 238年前

安培 我觉得没什么特别啦。
赞·回复 👍2414 · 217年前

欧姆 嗯？这很轻松啊……
赞·回复 👍3321 · 204年前

留言……

瓦特 在 **我与我的蒸汽机** 相簿中新增1张照片。
254年前 · 🌐

詹姆斯·瓦特 (James Watt)

1736.1.19—1819.8.19　　　　　　　　　　　　出生于英国

　　发明家瓦特从小体弱多病，因此缺席了大多数的课，但他还是在母亲的教导之下展现出惊人的天赋。通过不断动手制作小东西与数学上的优异天分，瓦特年轻时便已经小有成就。瓦特心思细腻，做起事来慢条斯理，然而想象力丰富的他却总能在面对问题的时候，想出非常有创意的点子来解决或改良现有的方法，尤其是在机械上。

　　瓦特曾经在伦敦的仪表修理工厂担任学徒，打算之后回到苏格兰格拉斯哥（Glasgow）开设属于自己的小修理店，然而却因为工作经验不足而被拒绝了。但天无绝人之路，格拉斯哥大学的教授认为瓦特很有潜力，便力邀瓦特在大学校内开设维修店，除了让瓦特累积不少实战经验外，也让瓦特走出了困境。后来让瓦特闻名于世的改良版蒸汽机就是在这间小店制造出来的。

　　瓦特并不是发明蒸汽机的人，然而瓦特改良后的蒸汽机，分离了冷凝器，使冷凝器的效率大幅提升，才让蒸汽机的使用效率获得改善。

　　后来，瓦特陆陆续续发明或改良了许多工作方法与机械，诸如，望远镜测距法、透印印刷术、机械图纸着色法、油灯、蒸汽碾压机等，可以说是名副其实的伟大发明家。

Chapter 05

迷眩

在这个真真假假的世界里，

我慢慢迷失了自己

32 X射线

f 搜寻人、地点和事物 🔍   ☀ 一奈米的宇宙 👥 💬³ 🌐²⁷

 伦琴
122年前 · 🌐

小时候总觉得爸妈的眼睛会放出X射线，
心里在想什么都被透视得一清二楚。

😆 哈   💬 留言   ➦ 分享

👍😆 你、赫兹、莱纳德和其他154人

安娜 所以老公你到底让我的手去照了什么东西？
赞 · 回复 👍49 · 122年前

　　伦琴 额，老婆，你今晚想看电影吗？ ❤
　　赞 · 回复 👍16 · 122年前

　　☀ 回复……

莱纳德 楼上QQ
赞 · 回复 👍15 · 122年前

　　伦琴 你闭嘴
　　赞 · 回复 👍7 · 122年前

　　安娜 老公？
　　赞 · 回复 👍66 · 122年前

👤 关于人生

有点心虚地叫了一声"妈！"妈转身看了我一眼，仿佛早就知道我做了什么好事一样，我都还来不及开口，她就说："成绩单应该寄来了吧？""嗯……"我只能万般不愿意地把我藏在背后的那张纸递给她。

📋 一奈米教室

X光是一种带有强能量的电磁辐射（电磁波），其波长范围为0.01nm（纳米）到10nm。若加速的电子在撞击金属靶过程中减速，所失去的动能会以光子形式放出，产生X射线。X射线也可由同步加速器或自由电子激光产生。

医学上最广泛使用的X线探测技术，是利用X线会穿过人体内软组织的性质，将相片底片置于欲检测部位后方，使X线穿过后照射到底片上，并在底片显影后呈现黑色；相反地，X线无法穿过的硬组织（如骨头），则于底片显影后显示成白色。

f 搜寻人、地点和事物 🔍　　　　　□ 一奈米的宇宙　👥 💬[3] 🌐[27]

威廉·康拉德·伦琴
Wilhelm Conrad Röntgen

✓朋友 ▾　✓追踪中 ▾　💬发讯息　···

动态时报　关于　朋友　相片　更多

ℹ️ 简介

- 🏛 担任符茨堡大学校长
- 🏛 担任慕尼黑大学物理研究所所长
- 🎓 获得苏黎世大学物理学博士学位
- 🎓 获得巴纳德奖章

👥 朋友

赫兹　　希托夫　　克鲁克斯

特斯拉　　莱纳德

伦琴 😨 觉得吓坏了。
122年前 · 🌐

为什么实验纸板上都会出现奇怪的荧光……

😱 哇　💬 留言　↗ 分享

👍😱 你、赫兹、特斯拉和其他313人

💬 留言

伦琴 😳 觉得愧疚。
117年前 · 🌐

我实在很胆小……
只好一直用老婆的手去测试那个奇怪的X射线

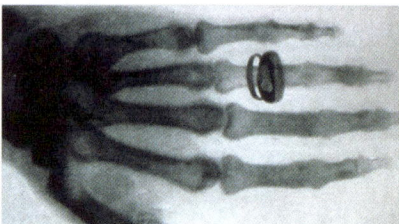

威廉·康拉德·伦琴 (Wilhelm Conrad Röntgen)

1845.3.27—1923.2.10   出生于德国

伦琴虽生于德国,从小却在荷兰长大,接受荷兰的基本教育,并于1865年在苏黎世大学学习机械工程,但后来他因为比较喜欢科学研究,遂转而钻研物理学。1869年,伦琴以一篇关于气体的研究获得苏黎世大学的博士学位。之后十几年内,伦琴先后任教于斯特拉斯堡大学、符茨堡大学,并担任后者的物理系系主任与校长,以及慕尼黑大学物理研究所所长。

伦琴所发现的X射线,其实是在1895年于符茨堡大学时意外所得。当时伦琴的研究题目是利用不同的真空管放电产生的阴极射线照射化学物质后的发光现象。伦琴在真空管内放入一张开过小洞的铝片,目的是让阴极射线能够通过,但为了延长铝片使用的寿命,他在铝片贴上涂了氰亚铂酸钡的荧光物质的小纸板来保护铝片。实验结束后,伦琴发现这些小纸板竟然会发出荧光,然而当时他以为只是阴极射线让小纸板发光了而已。

接下来伦琴更换另外一支真空管想重复实验的时候,却有了意外发现。伦琴同样将氰亚铂酸钡涂在小纸板上面,用黑色的纸把真空管包起来,等到要把室内的灯关掉来检查真空管是否漏光时,在他身后大约1米的纸板竟然发出了荧光。要知道,阴极射线（其实就是电子流）会在空气中被散射掉，基本上纸板会发出荧光不可能是因为阴极射线，也就是说当时势必存在第二种未知的射线。伦琴反复测试了相同的实验之后，转而展开对该未知射线的研究，之后于符茨堡大学医学物理学会会刊上正式发表结论，将这种未知的射线称为"X射线"。有趣的是，伦琴发表论文时曾附上一张他老婆手骨的照片，这是因为伦琴不知道X射线对人体有没有危害，所以才先用老婆的手去拍摄X光照片。

这个贡献让伦琴在1901年获得首届诺贝尔物理学奖，伦琴则将所有的奖金捐献给符茨堡大学作为发展科学的经费。

1923年，伦琴因为大肠癌而去世，留下他所发现的X光继续造福后世的人们。

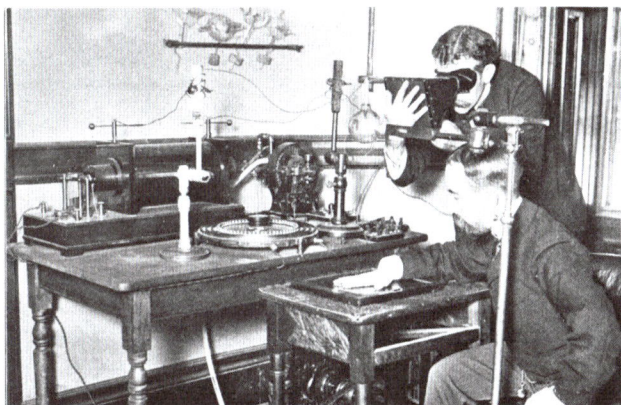

19世纪末X射线刚开始获得应用，当时还不知道其危害风险，检查者与受检查者都未采取预防措施/维基百科

33 杠杆原理

阿基米德
公元前287年 · 🌐

在杠杆原理中，
花费时间的省力，花费力气的省时；
但在现实世界里，
花钱的人省力又省时。

👍 赞　💬 留言　➤ 分享

👍 你、欧几里得和其他925人

将军马克卢斯 天哪！拜托别再把我们的军舰吊到半空了 😭
　赞 · 回复 👍168 · 公元前287年

　　阿基米德 这是罗马舰队和我一人的战争
　　赞 · 回复 👍727 · 公元前287年

　　回复……

地球 全世界都以为你真能把我举起来，
　　你马上解释一下，这样我很没面子
　赞 · 回复 👍105 · 公元前287年

　　阿基米德 好啦，其实没有地球的重力我也没辙
　　赞 · 回复 👍915 · 公元前287年

上天也许是公平的,也总会给你留一道门或一扇窗。但是现实世界的确是不公平的,念书的时候总要在成绩单上跟同学比较,出了社会后就必须为了名利你争我夺,有些时候甚至会发现,那些你努力很久好不容易得到的东西,别人可以不费任何力气就能得到。

📋 一奈米教室

杠杆是一种简单的机械装置,一般使用杠杆的目的是将输入力放大,给出较大的输出力。

最常见的是第一类杠杆,即施力与抗力分别在支点的两边,若施力臂(施力点到支点的距离)大于抗力臂(抗力点到支点的距离),则可用较小的施力去平衡较大的抗力,即达到放大施力的效果。杠杆原理表明,当达到静力平衡时,施力乘以施力臂等于抗力乘以抗力臂:$F_1 D_1 = F_2 D_2$。

如果以较小的施力搭配较长的施力臂,即可将此施力放大,但省力的代价就是若要将杠杆完全抬起,则需耗费更多的时间。在第一类杠杆中,若杠杆的施力臂大于抗力臂,就是一种省力但费时的装置;若杠杆的抗力臂大于施力臂,就是一种省时但费力的装置。

f 搜寻人、地点和事物 🔍 ☀ 一奈米的宇宙 👥 💬 6 🌐 26

阿基米德
Ἀρχιμήδης

✓朋友 ▼ ✓追踪中 ▼ 💬发讯息 ⋯

动态时报　关于　朋友　相片　更多

ℹ️ **简介**

🕐 出生于 古希腊

🎓 在古希腊担任 发明家

👥 **朋友**

欧几里得

📷 **相片**

阿基米德
公元前287年 · 🌐

我发现了！我发现了！我发现了！

👍赞　💬留言　➤分享

👍 你、欧几里得和其他976人

希伦二世 抽疯？
赞·回复 👍214 · 西元前287年

金匠 GG
赞·回复 👍2051 · 西元前287年

💬 留言……

阿基米德 😎 觉得弱。
公元前287年 · 🌐

地球我都举得起来，罗马军舰算什么？

👍赞　💬留言　➤分享

👍❤️ 你、欧几里得和其他393人

💬 留言……

中文 · English(US) · Espanol · Portugues (Brasil) · Francais (France)　＋

阿基米德 （Ἀρχιμήδης）

公元前287—公元前212年　　　　　　　　　　　　出生于古希腊

阿基米德与亚里士多德一样，都是古希腊的著名科学家，他出生于西西里岛，同时身兼数学家、物理学家、发明家、工程师、天文学家等多重身份，相当多才多艺。

阿基米德小时候就深受父亲影响，学习天文学与数学，而他的父亲在阿基米德9岁时就送他到埃及的亚历山大城（Alexandria）念书学习。阿基米德从小就在这座拥有许多伟大数学家（包含"几何学之父"——欧几里得等）的城市中学习，也为日后阿基米德钻研科学的严谨态度与数学技巧打下良好的基础。阿基米德是不折不扣的工作狂，住所到处都是他随手记下的数字或方程式，还有各种几何图形，墙壁也成了他的计算纸，有时候阿基米德还会因忙着研究而忘记吃饭。

据传当时的国王曾经出了一道难题来刁难阿基米德，也就是大家耳熟能详的真假皇冠问题。国王当时聘请工匠打造一顶纯金王冠，却又担心工匠偷工减料，在王冠中掺杂其他金属，但担心归担心，却不能够将王冠毁坏后再检验，于是国王便将这个难题交给当时被称为"难不倒的人"的阿基米德。阿基米德苦思多日，直到有天在洗澡的时候，发现浴池中的水位会因为自己在水中的体积变化而上升或下降，突然灵光一闪，他想道：上升的水位应该会等同于王冠的体积，所以只要拿跟王冠等重的黄金，比较其中水位的落差，就能够判断出王冠是否是纯金，或是否含有其他杂质（不同的金属密度并不相同）。这个观察正是后来浮力理论的前身，阿基米德在后来的著作《浮体论》有更进一步的阐述："物体在浮体中所受的浮力，等于物体所排开浮体的重量。"

当时，人们在日常生活中已经会利用一些简单的机械装置，举凡螺丝、斜面、齿轮、杠杆、车轮等都是，阿基米德对于基础机械贡献良多，举世知名的杠杆原理、力矩也都出自这个时期。

考古学者认为，在4500多年前的古埃及，工人就是使用杠杆来移动、抬举非常重的石块以建造金字塔的。阿基米德也根据杠杆原理留下了一句名言："给我一个支点，我就可以撬动整个地球。"

然而对于阿基米德来说，机械与物理上的发明只是次要的，他真正的热情还是投注在数学与天文学上。阿基米德喜欢纯理论的探究，在数学方面，他就利用逼近的方式来计算球的表面积、体积，后世其他数学家据此延伸，发展成为近代的微积分。

阿基米德的死相当有戏剧性。他死于希腊与罗马的战争当中。当时他正在计算一道数学难题，却被罗马士兵一刀砍死。

阿基米德对古希腊的数学与物理学的影响非常深远，被视为古希腊最杰出的科学家，更与牛顿、高斯并列为"史上最伟大的三位数学家"。

34 同素异形体

克罗特
2年前 · 🌐

抹布、橡皮擦、擦子其实是同素异形体，
听起来好像很不一样，但实际上还是同一个东西。

😆 哈　💬 留言　➤ 分享

👍😆 你、北方代表、南方代表和其他7141人

北方代表 车站我们叫北车
赞 · 回复　👍1318 · 3小时

> **南方代表** 我们都叫高火？
> 赞 · 回复　👍3387 · 2小时
>
> **北方代表** 不是雄车？
> 赞 · 回复　👍8/4 · 2小时
>
> **南方代表** 你才北火，你全家都北火？
> 赞 · 回复　👍272 · 1小时
>
> 回复……

留言……

👤 关于人生

在你遇到危险的时候我奋不顾身地保护你，在你伤心难过的时候我借你肩膀，在你笑的时候我也跟着开心，你就是一个这样特别的存在，我想用尽全力让你永远可以自在地大哭大笑，无论我做了什么，用相同或不同的方式，所有一切的本质都是爱。

📗 一奈米教室

同素异形体是指由一样的单一化学元素所构成，但性质却不相同的两种（或以上）的化学物质，彼此间的差异主要体现在物理性质（如颜色、硬度）上，化学性质上则有活性的差别。

常见的同素异形体有同样由碳（C）所构成的钻石、石墨、纳米碳管及碳-60，同样都是由磷（P）所构成的红磷、黄磷、黑磷和紫磷，同样都是由氧（O）所构成的氧气和臭氧，还有同样由硫（S）所构成的单斜硫和斜方硫。

f | 搜寻人、地点和事物 🔍 | ▦ 一奈米的宇宙 | 👥 💬10 🌐7

哈罗德・沃特・克罗特
Harold Walter Kroto

✓朋友 ▾ | ✓追踪中 ▾ | 💬发讯息 | ...

动态时报　关于　朋友　相片　更多

ⓘ 简介

🕐 出生于 英国

🚗 发现超猛 同素异形体

📋 获得1996年 诺贝尔化学奖

🏅 朋友

罗伯特・科尔 | 理查德・斯莫利

中文・English(US)・Espanol・
Portugues (Brasil)・Francais (France)　　➕

隐私政策 – 使用条款 – 广告 – Ad Choices – Cookie
– 更多▾
Facebook © 2017

👤 **克罗特** · 5年前 · 🌐

石墨、钻石、富勒烯都是同素异形体，
但可以的话，还是给我钻石好了。

👍赞　💬留言　↗分享

👍 你、理查德・斯莫利和其他712人

| 留言 ……

👤 **克罗特** 😊 觉得惊恐。
5年前 · 🌐

我在显微镜底下看到足球啦！！！

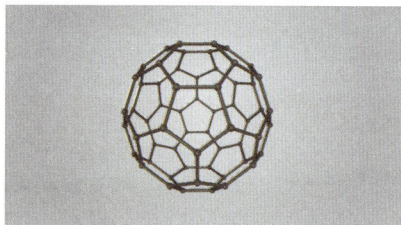

哈罗德·沃特·克罗特 (Harold Walter Kroto)

1939.10.7—2016.4.30　　　　　　　　　出生于英国

　　克罗特虽是英国化学家，他的父母却是在德国柏林出生的犹太人。在那个犹太人被纳粹德国迫害的年代，克罗特的双亲被迫流亡英国，生下克罗特。

　　1985年，已经成为化学博士的克罗特和美国科学家斯莫利、柯尔于莱斯大学开展在氦气流中以激光汽化蒸发石墨的实验，首次制得由60个碳组成的碳原子簇结构分子 C_{60}，也就是石墨与钻石的同素异形体——富勒烯。之所以取名为"富勒烯"是因为它与知名建筑师巴克敏斯特·富勒（Richard Buckminster Fuller）的建筑作品相似，故而向他致敬。富勒烯同时也被称为"巴克球"。克罗特、柯尔和斯莫利因此获得了1996年诺贝尔化学奖。

　　在富勒烯被发明以前，碳的同素异形体只有石墨、钻石、无定型碳（如炭），富勒烯的出现除了拓展了碳的同素异形体的数目，富勒烯独特的化学与物理性质以及数不完的潜在应用，更强烈地引起了科学家的研究兴趣。不管是在材料科学、生物医学，还是在电子学、纳米科学等领域上面，富勒烯都有极高的应用潜力。

35 勒夏特列原理

勒夏特列
109年前 · 🌐

逼小孩子念书其实符合勒夏特列原理，
当你强塞太多东西的時候，反而会有反效果。

😮 哇　💬 留言　➤ 分享

👍😮 你、徐薇、何嘉仁美语和其他1276人

徐薇　I can teach you better.
赞 · 回复　👍 238 · 3小时

高国华　I can teach you much better.　❤️
赞 · 回复　👍 305 · 2小时

勒夏特列　我的孩子只学法语！(怒)
赞 · 回复　👍 17 · 21分钟

　留言……

每个可以在太阳下草地上奔跑的午后都被各式各样的补习班和才艺班填满了,学校厚厚一叠的课本、绘画练习本和摆在书房的钢琴,淹没了孩子的笑声,成了让他们喘不过气的压力。孩子从来不知道为什么有这么多课要上,于是渐渐就对学习失去热情了。

一奈米教室

当反应式达到化学平衡时,其反应物及生成物同时存在,且在非开放系统下,它们的浓度都不会随着时间的增加而改变,而且正反应速率等于逆反应速率。

而勒夏特列原理指的是:当处于化学平衡的反应受到温度、压力、浓度等外加因素的影响时,整个反应会趋向朝抵抗这个外加因素的方向移动。

举例来说,在已达化学平衡的一氧化碳加氧气生成甲醇的反应中,若增加一氧化碳的浓度,则整个化学平衡会朝抵抗这个因素的方向移动,即整个平衡会希望消耗一氧化碳的浓度,因此反应会趋向生成物的方向移动。

f 搜寻人、地点和事物 🔍 　　■ 一奈米的宇宙　　👥 🔔10 🌐8

亨利・路易・勒夏特列
Henry Louis Le Châtelier
✓朋友 ▾ | ✓追踪中 ▾ | 💬发讯息 | ···

动态时报　关于　朋友　相片　更多

ℹ 简介
🕐 参加巴黎保卫战
🏛 担任法兰西公学院无机化学教授
🕐 创立《冶金评论》刊物
🏛 担任法国矿业部长

👥 朋友

路易・勒夏特列
（其父亲）
德维尔
杜马

中文 • English(US) • Espanol •
Portugues (Brasil) • Français (France)
＋

勒夏特列 😫 觉得非常不爽。
109年前 · 🌐

努力研究氨的合成这么久，竟然一下子被超越

👍 赞　💬 留言　↗ 分享

👍 你、哈柏和其他117人

哈柏 呵呵
赞・回复 👍41 · 109年前

💬 留言……

勒夏特列 😀 觉得好神。
109年前 · 🌐

乙炔和氧气燃烧，
把我的煎蛋锅都烧破了！

亨利·路易·勒夏特列 (Henry Louis Le Chatelier)

1850.10.8—1936.9.17   出生于法国

勒夏特列除了是化学家,同时也是建筑工程师。他的父亲与祖父都是工程师,影响了勒夏特列从小的兴趣,也决定了他未来学习与研究的方向。

1877年,巴黎高等矿业学校聘请勒夏特列担任化学教授,他正研究如何改良混凝土和砂浆。为了精准测量混凝土的水合物温度,预防矿山爆炸,勒夏特列对热电偶进行了改良,在观察混凝土受水侵蚀的过程中,他归纳出了"勒夏特列原理"。

勒夏特列还利用热体表面辐射与其表面温度的关系,发明了可以测量高温的光学高温度计,使用这款温度计可以测量3000℃以上的高温。1895年,勒夏特列进一步发现了乙炔焰,这种火焰超过当时任何已知火焰的温度,至今还应用于金属的切割与焊接。

1901年,勒夏特列差一点点成为第一位合成氨的科学家。故事是这样:当时勒夏特列试图在600℃、200atm、金属铁存在的条件下混合氮气和氢气以制取氨,但却意外发生爆炸而中止实验,后来才发现是因为设备中有其他多余的空气。然而不出5年,哈柏(Fritz Haber)就利用了几乎一模一样的方法成功合成了氨,他甚至感谢勒夏特列的失败加速了自己的研究。勒夏特列则在晚年时懊悔地表示："我让合成氨的发现从我手边溜走了，这是我科学研究生涯中最大的疏忽。"

晚年的勒夏特列仍然持续科学研究，同时安享天伦之乐。1936年，就在幸福地度过与妻子的60周年结婚纪念日后不久，勒夏特列便撒手人寰。他在死前曾留下了一篇文章期许后人："我希望，我们不要过于欺骗我们自己，如果人类值得继续庆幸在19世纪发展了实验科学和大规模的工业生产，到20世纪，应当为理解社会问题和公正的爱而更加努力。"

36 同分异构体

f 搜寻人、地点和事物 🔍　　✳ 一奈米的宇宙　👥 💬 7 🌐 31

维勒
187年前 · 🌐

微笑是同分异构体，
小时候的微笑是一个心情，
长大后的微笑是一个表情。

😢 呜　💬 留言　➤ 分享

👍 你、反丁烯二酸、顺丁烯二酸和其他965人

 反丁烯二酸 顺丁烯二酸 两手举那么高干吗？不酸？
赞 · 回复 👍18 · 1小时

　　⎕ **顺丁烯二酸** 你以为我想噢
　　赞 · 回复 👍21 · 1小时

　　✳ ⌨ 回复……

　🖼 **永斯 · 贝吉里斯** 教授的微笑也可以有很多意思
　赞 · 回复 👍515 · 187年前

✳ ⌨ 留言……

👤 关于人生

小时候对喜欢或是讨厌的事情总是可以毫无顾忌地说出来：我喜欢和同学一起玩，或是我讨厌青菜。在长大过程中，我们因为各式各样的社会潜规则受伤，所以开始戴上虚伪的面具，开始为了身旁的人笑而笑，为了多数人的愤怒而愤怒。到了现在，我已经分不清楚脸上的笑是真的还是装出来的了⋯⋯

📗 一奈米教室

互为同分异构体的多种分子之间，只有原子排列方式的不同，除此之外，它们的分子式及分子量都一样。至于化学性质方面，通常是含有相同官能团的同分异构体，它们之间的化学性质才会很相近，例如，都含羟基的1-丙醇（正丙醇）和异丙醇。若官能团不同，它们的性质就会相差很多，例如，含羟基的乙醇与含醚基的甲醚。

f 搜寻人、地点和事物 🔍   一奈米的宇宙   👥 💬7 🌐31

弗里德里希·维勒
Friedrich Wöhler

✓朋友 ▾   ✓追踪中 ▾   💬发讯息   ···

动态时报   关于   朋友   相片   更多

🌐 **简介**

▪ 在 德国 担任化学家
▪ 在 瑞典 担任叛逆的学生

朋友

永斯·贝吉里斯   威廉·屈内   威廉·鲁道夫·
菲蒂希

阿道夫·威廉·   Heinrich
赫尔曼·科尔贝   Limpricht

中文 · English(US) · Espanol ·
Portugues (Brasil) · Francais (France)

隐私政策 – 使用条款 – 广告 – Ad Choices – Cookie
– 更多▾
Facebook © 2017

维勒 😂 觉得要毕不了业了GG。
187年前 · 🌐

一不小心打了老师的脸

👍赞   💬留言   ➤分享

👍 你、永斯·贝吉里斯、威廉·屈内和其他376人

永斯·贝吉里斯 等等到我办公室一趟
赞·回复 ⏱438 · 187年前

留言……

维勒 😔 觉得惨。
187年前 · 🌐

教授的微笑是很不爽的意思

弗里德里希·维勒 (Friedrich Wöhler)

1800.7.31—1882.9.23   出生于德国

维勒最有名的事迹就是他推翻了老师——瑞典化学之父贝吉里斯所提倡的活力论。他在实验室中成功地利用非有机的材料合成出了尿素，进而否决了有机化合物内含"生命力"的假设。维勒从1824年便开始研究氰酸氨，但他认为在氰酸中加入氨水后蒸干的白色晶体并非铵盐，经反复实验后，在1828年终于证实了白色结晶其实就是尿素，成了活力论的重大反证。维勒因为偶然发现了无机物合成有机物的方法，意外开辟了后世有机化学领域。

维勒将这个重大的成果整理成论文《论尿素的人工制成》，并刊登在该年度的《物理学和化学年鉴》上。此论文非常详细地描述了尿素的制备过程，据此可在其他各处实验室重现实验，于是人类开始理解有机物是能够在实验室中被人工制备的，从此掀起一波有机化学合成的狂潮，各式各样、五花八门的有机化合物陆续被许多科学家用不同的方式合成出来，维勒确实翻开了有机化学合成的精彩一页！

但是尿素的发现其实还有科学上的另外一层含义——它是同分异构体的最早例证。其实氰酸铵与尿素的分子式相同，氰酸也与李比希（Justus von Liebig）在1824年发现的雷酸分子式相同。因此维勒的老师贝吉里斯在1830年提出了"同分异构"学说，意谓即使有相同的化学成分，也可能存在两种以上的不同化合物，且其性质也会有所不同。在这概念被提出来之前，化学界普遍认为同一种成分不可能同时存在于两种不同的化合物之中。

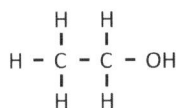 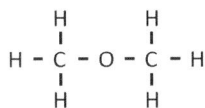

乙醇 甲醚

乙醇、甲醚为同分异构体

37 自然发生说

f 搜寻人、地点和事物 🔍　　　✴ 一奈米的宇宙　👥 💬12 🌐27

 路易·巴斯德
155年前 · 🌐

细菌自然发生说与谣言相反，
细菌不会无中生有；
但谣言会。

😣 呜　💬 留言　➦ 分享

👍😣 你、玛莉·巴斯德、罗伯特·科赫和其他98人

　玛莉·巴斯德 老公，你那瓶一直放着的肉汁再不倒掉试试看！
　赞 · 回赞 👍48 · 155年前

　　　巴斯德 谁都别碰我的鹅颈瓶！
　　　赞 · 回复 👍74 · 165年前

　　　✴ 回复……

　罗伯特·科赫 巴斯德家常吵架的谣言果然是真的……
　赞 · 回复 👍365 · 155年前

✴ 留言……

👤 关于人生

班上总会有一两个被大家刻意忽视的同学，我好意邀请落单的同学加入我的实验，大家的表情立刻出现微妙的变化，交头接耳，像讨论八卦似的，过了几天竟传出了我和那位同学其实是情侣的谣言。我想每个人都只是在假装和其他人一样，好让自己看起来很适合这个群体，一旦你有一点点不一样，过不了几天你就会成为谣言的主角。

📋 一奈米教室

自然发生说是一套关于物种起源的思想，认为现今的生物体是在无机物中自然产生的，在这个逻辑下，生物（如跳蚤）可能来自无生命物质（如灰尘），或者蛆可能由死肉产生。为了反驳此一说法，巴斯德将肉汤装入有着弯曲细管的鹅颈瓶中，弯管是开口的，空气可毫无阻碍地进入瓶中（有些支持自然发生说的学者认为空气是无机物自然产生有机生物体的必要条件），空气中的微生物则会受阻而沉积于弯管底部，不能进入瓶中。巴斯德将瓶中肉汤煮沸，使肉汤中的微生物全被杀死，然后放冷静置，结果瓶中却没有发现微生物。但此时如将曲颈管打断，使外界空气不经"沉淀处理"而直接进入肉汤中，不久肉汤就会出现微生物了。可见微生物不是从肉汤中产生，而是原就存在于空气中的。

路易·巴斯德
Louis Pasteur

✓ 朋友 ▾ ✓ 追踪中 ▾ 💬 发讯息 ⋯

动态时报　关于　朋友　相片　更多

⊙ 简介

🕐 制成狂犬病和炭疽的疫苗
🦷 开创细菌学
🦷 推翻自然发生说

👥 朋友

罗伯特·科赫　琼迪南德·科恩　Joseph Meister

📷 相片 · 查无内容

中文 · English(US) · Español ·
Português (Brasil) · Français (France)　　＋

隐私政策 – 使用条款 – 广告 – Ad Choices – Cookie
– 更多 ▾
Facebook © 2017

巴斯德 🎉 正在庆祝实验成功。
155年前 · 🌐

好，这下子孩子房间乱就不能怪自然发生说了！

👍 赞　💬 留言　➤ 分享

👍 你、科赫和其他331人

留言

巴斯德 😠 觉得心烦。
155年前 · 🌐

老婆整天想倒掉我的鹅颈瓶……

路易 · 巴斯德 (Louis Pasteur)

1822.12.27—1895.9.28　　　　　　　　　　　出生于法国

———————————————————————————————

　　巴斯德是微生物学家，也是制成狂犬病疫苗与炭疽疫苗的科学家，还成功推翻自然发生说，并且开启菌原论，发展了预防接种技术。

　　巴斯德的父亲是军人，后来退休成为鞋匠。巴斯德儿时家中并不富裕，然而在学习阶段，巴斯德开始对科学研究深感兴趣，经过一番努力之后，终于在1848年担任第戎大学的物理系教授。

　　巴斯德育有5名子女，然而其中3名在年幼时就不幸死于伤寒，这也成为巴斯德积极研究治愈各种传染病的动机。

　　曾有酒商向巴斯德请教如何维持葡萄酒的口感，以及预防酒变酸变质的方法。巴斯德经过研究后发现，酒变酸跟发酵的反应类似，只不过是因为不同的微生物而引起的。透过大量的实验，不断改变环境、温度、基质等条件，观察不同微生物的反应，巴斯德首创"巴氏消毒法"，并应用在了各种食品与饮料上。让巴斯德真正载入史册的则是他在1862年时以鹅颈瓶进行的一连串实验，证明只要将肉汤煮沸，并不会"自然"增生细菌，因而推翻了生物随时可由非生物发生的自然发生说（也就是一切生物源自生物，即所谓的"生源论"）。

接着巴斯德将研究范围拓展到家禽、家畜与人类疾病交互的作用方面，多次利用自己发明的疫苗来验证其功效。在拓展预防接种的技术时，他又发现传染病细菌可以在特殊培养下减轻毒性，并诱发人体生出抵抗力。1881年，他开始研究狂犬病，4年以后成功制成狂犬病疫苗。

巴斯德开创了细菌学，对微生物的研究贡献甚巨，常被称为"微生物学之父"，并被世人称颂为"进入科学王国的最完美无缺的人"。

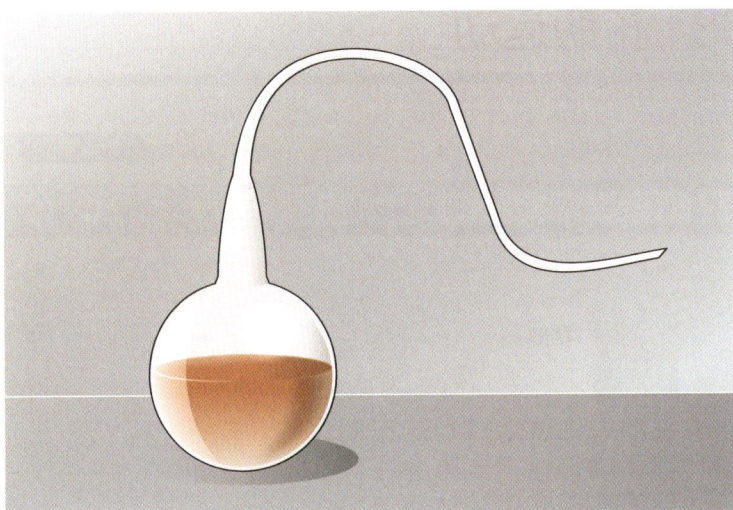

巴斯德的生源论实验所使用的器材示意图/维基百科

38 布朗运动

f 搜寻人、地点和事物 🔍   ✳ 一奈米的宇宙 👥 💬12 🌐21

布朗
195年前 · 🌐

我的人生就像微粒的布朗运动，
我不晓得自己未来会在什么地方，
只能在现实里随波逐流。

👍 赞　💬 留言　➤ 分享

👍 你、爱因斯坦和其他3312人

😊 **妈宝** 问妈妈就好了
　赞 · 回复 👍438 · 2小时

📷 **Larry Page** ✔ 问Google Maps吧
　赞 · 回复 👍3.5万 · 3年前

👤 **爱因斯坦** ✔ 问我也行！
　赞 · 回复 👍5.2万 · 45分钟

✳ 留言……

👤 关于人生

好不容易过完浑噩的今天，终于在深夜时睡去，第二天照常睁开眼睛刷牙洗脸，看见阳光洒满整间卧室，可我一点都感觉不到喜悦，在日复一日相似的日子里，我内心深处一直企盼着能改变什么，可在与现实的互相磨耗之下，我什么也没做，只是不断被动地质问自己每天醒来到底为的是什么……

📗 一奈米教室

英国植物学家罗伯特·布朗利用显微镜观察悬浮于水中的花粉粒时，发现这些花粉会出现连续快速而不规则的随机移动，而这些不规则的随机运动是粒子与液体或气体分子连续碰撞的结果，若原子越大，不规则的碰撞就越明显，这种移动的状态后来就被称为"布朗运动"。然而布朗并非第一个发现布朗运动的人，17世纪开始就有许多科学家观察到此现象。

布朗运动具有下列五种特性：一、粒子的运动由平移及转移所构成，而且几乎没有切线的轨迹；二、粒子与粒子之间的移动互不相关；三、当粒子越小、黏性越低或温度越高时，布朗运动就越活跃；四、粒子的组成成分和密度对其运动模式没有影响；五、粒子的运动永不停止。

f | 搜寻人、地点和事物 🔍 | 一奈米的宇宙 👥 💬12 🌐21

罗伯特·布朗
Robert Brown

[✓朋友 ▾] [✓追踪中 ▾] [💬发讯息] [···]

动态时报　　关于　　朋友　　相片　　更多

ℹ️ **简介**

🕐 在爱丁堡大学学习医学
🎖️ 获得科普利奖章
🏛️ 在大英博物馆植物学部担任部长

👥 **朋友**

约翰·沃克　　威廉·韦辛宁　　詹姆斯·迪克森

迪温　　乔纳森·撒克斯

中文 · English(US) · Espanol ·
Portugues (Brasil) · Francais (France)

[+]

布朗
194年前 · 🌐

人生就像花粉在水中的布朗运动，
你无法预测它从哪儿来、往哪儿去。

👍赞　💬留言　↗分享

👍 你、约翰·沃克、爱因斯坦和其他9143人

爱因斯坦 ✔ hmmm，其实我在1905年的时候算出来了……
赞·回复 · 👍4.3万 · 110年前

💬 留言……

布朗 在 📍澳大利亚。
195年前 · 🌐

三千多种标本 gotcha!

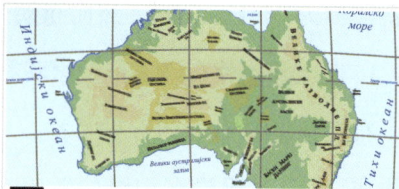

罗伯特·布朗 (Robert Brown)

1773.12.21—1858.6.10   出生于英国

　　布朗出生于苏格兰,长大后在爱丁堡大学学习医学,毕业后成为军医。1800年,布朗意外受邀加入了"考察者号"前往大洋洲测绘海岸线。第二年抵达大洋洲以后,他花了将近4年的时间,在大洋洲考察土生土长的植物,并且收集了超过3400种的植物,其中有超过2000种是以前未曾被发现的品种。可惜在返航英国的旅途中,却遭遇船难而流失了多数的标本。

　　但布朗没有因此意志消沉,他随后又花了约5年的时间收集植物标本,正式鉴定了约1200种新的植物品种,并在1810年发表他对于大洋洲植物的研究著作——《新荷兰的未知植物》。之后他接手掌管约瑟夫博物库,这个博物库在1827年扩大成为大英博物馆,布朗也被任命为博物馆的植物标本库负责人。

　　就在大英博物馆改名同一年,布朗研究花粉与孢子在水中悬浮状态的微观行为时,发现花粉有不规则的运动,而这样的运动行为也同样出现在其他细微颗粒(如灰尘)中。尽管布朗没有将这样的现象解释成为理论,后来的科学家还是将这种微粒运动称为"布朗运动"。

39 疫苗

f 搜寻人、地点和事物 🔍　　☀ 一奈米的宇宙 👥 💬⁵ 🌐¹⁷

 爱德华·詹纳
197年前 · 🌐

学生时期的风风雨雨不过是进社会之前的疫苗，
但尽管如此，我还是对人心的虚伪与现实"感冒"。

👍 赞　💬 留言　➤ 分享

👍 你、B细胞、T细胞和其他125人

B细胞 对不起，我废物
赞·回复 👍43 · 197年前

T细胞 温室花朵？不要整天想依靠我们
赞·回复 👍105 · 197年前

牛痘苗 来一支？
赞·回复 👍355 · 36分钟

☀ 留言……

👤 关于人生

你肯定遇过无数这种状况:说好分工合作上台报告的组员突然人间蒸发,只剩你熬夜赶报告,最后还跟他拿到同样的分数;或是筹办营队时总会有人只出一张嘴呼来唤去,做事的都不是他。但其实我们心里都很清楚,离开校园之后并不会远离这些是非,情形反而会更加严重,如何面对人性是一辈子学不完的课题。

📗 一奈米教室

疫苗是利用细菌、病毒或肿瘤细胞而制成的,接种疫苗可使生物体的免疫系统启动"主动免疫",并通过刺激细胞免疫、体液免疫的方式诱使人体产生免疫力。

人体内负责发生免疫反应的细胞为T细胞和B细胞,接种完疫苗之后,若只有B细胞受到刺激,就称为"非T淋巴细胞依赖型疫苗",B细胞会制造出可以对抗该病原体的抗体,若疫苗同时诱发T细胞与B细胞,则称为"T淋巴细胞依赖型疫苗"。这类疫苗通常都结合一部分蛋白质,可在人类小时候就诱发很好的免疫反应,并产生免疫记忆,未来若遇到相似的病原体时,就能比未记忆更快制造出抗体。

f 搜寻人、地点和事物 🔍   一奈米的宇宙   💬5 🌐17

爱德华·詹纳
Edward Jenner

✓朋友 ▾ ✓追踪中 ▾ 💬发讯息 …

动态时报　关于　朋友　相片　更多

🌐 **简介**

- 🏛 担任皇家学会一员
- 🏛 被任命为乔治四世国王的医生
- 🎓 毕业于圣安德鲁斯大学

👥 **朋友**

威廉·奥斯勒　詹姆斯·皮普斯　爱德华斯·巴尔米斯

中文 · English(US) · Español
Portuguese (Brasil) · Français (France)　　＋

🖼 **爱德华·詹纳** 😂 觉得一身冷汗。
197年前 · 🌐

幸好那个被我抓来实验的男孩没有被天花感染，
不然就GG了。

👍赞　💬留言　➤分享

👍 你、威廉·奥斯勒、詹姆斯·皮普斯和其他206人

　🖼 男孩 后里蟹（holy shit）
　　赞·回复 ⏱498 · 197年前

　　留言

🖼 **爱德华·詹纳**
197年前 · 🌐

爱你😍

爱德华·詹纳 (Edward Jenner)

1749.5.17—1823.1.26   出生于英国

　　詹纳12岁时就已经是内科医生的学徒，学成后在医院里一边工作，一边学习解剖技术。23岁时，他获得圣安德鲁斯大学的医学学位，45岁的时候已经是该乡郡内受人敬重与景仰的内、外科医生。

　　在詹纳生活的年代，天花仍然是无药可医的恶疾，因此，詹纳很想研究到底如何可以打倒天花。此时有则民俗传说给了他灵感："一个人只要曾经染上牛痘，就不会再染上天花。"他观察以后发现，那些从事挤牛奶的女工大多数都曾经感染过牛痘，而那些女工染上天花的比例确实比常人低，于是詹纳根据这项观察展开他的实验：现在听起来可能有些不可思议，但当时詹纳替一名8岁的小男孩接种牛痘苗，待男孩康复之后，詹纳竟然直接帮男孩再接种天花，这其实非常冒险，如果詹纳的推论错误的话，那名年仅8岁的男孩很可能就此死去。幸好詹纳的想法是对的，牛痘确实可以使人类对天花免疫，今日的预防接种法即据此而来。

　　由于牛痘疫苗效果显著，且能终身防止感染天花，随着这个预防接种的方法逐渐普及于世界，1980年开始天花疾病就此从世界上绝迹，詹纳因为这项杰出的贡献，被人尊称"免疫学之父"。

40 小孔成像

f 搜寻人、地点和事物 🔍   ☀ 一奈米的宇宙 👥 💬⁴ 🌐⁶⁸

墨子
公元前380年 · 🌐

"听说"就像以小孔窥视世界，
所得到的东西可能往往与现实相反。

😮 哇   💬 留言   ➤ 分享

👍😮 你、鲁班、孟胜和其他26万人

鲁班 听说你沙盘演练大输给我
赞·回复 👍4151 · 公元前380年

　墨子 ✔ 你看看史书怎么写的啰，呵呵
　赞·回复 👍7.8万 · 公元前380年

　☀ 回复……

孟胜 强者我老师
赞·回复 👍19 · 公元前380年

刘德华 ✔ 你知道《墨攻》有多难演吗？
赞·回复 👍1.9万 · 3个月前

☀ 留言……

👤 关于人生

"听说房子着火了""听说发生火灾了""听说整栋屋子烧起来了",过不了多久人心惶惶,所有人开始抱头鼠窜,没人知道这些话从哪里传过来,更没有人愿意去证实这是不是真的。我们常常都只是听别人说,然后无意识地夸大这些"听说",让它肆无忌惮地散播出去,等到逃出来后回头一看,才发现房子根本没有失火。

📋 一奈米教室

大约两千四五百年以前,由战国时期的大思想家墨子和他的学生,做出了世界上第一个小孔成倒像的实验,解释了小孔成倒像的原理,指出了光的直线传播性质。这是对光直线传播的第一次科学解释。

用一块带有小孔的板遮挡在墙体与物之间,墙体上就会形成物的倒影,我们把这样的现象叫"小孔成像"。前后移动中间的遮板,墙体上像的大小也会随之发生变化,说明了光沿直线传播的性质。

f 搜寻人、地点和事物 🔍 ■ 一奈米的宇宙 👥 💬4 🌐68

墨子 ✓
墨翟

✓朋友 ▾ | ✓追踪中 ▾ | ⚙ 发讯息 | ···

动态时报　关于　朋友　相片　更多

🕐 **简介**

🕐 出生于战国时期
■ 担任思想家

👥 **朋友**

孟胜　田襄子　鲁班

中文 · English(US) · Espanol ·
Portugues (Brasil) · Francais (France)

➕

隐私政策 – 使用条款 – 广告 – Ad Choices – Cookie
– 更多·
Facebook © 2017

墨子 😎 觉得节俭环保爱地球。
公元前380年 · 🌐

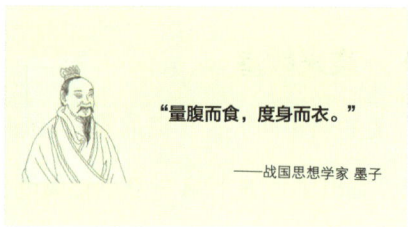

"量腹而食，度身而衣。"

——战国思想学家 墨子

👍赞　💬留言　↗分享

❤ 你、孟胜、田襄子和其他8.6万人

▢ 留言……

墨子 😅 觉得儒家很麻烦。
公元前380年 · 🌐

节用，节葬，非乐

👍赞　💬留言　↗分享

🔵❤ 你、盖塔和其他193人

墨子

公元前468—公元前376年　　　　　　　　　出生于中国（战国时期）

　　墨子是战国时代著名的思想家、哲学家、政治家、军事家、科学家，主张兼爱、非攻、节用、节葬等思想，是战国九流十家的其中之一。墨子创立墨家，并有《墨子》一书传世。

　　墨子曾学习儒家思想，但却觉得"礼"太烦琐，于是另辟蹊径，聚徒讲学，蔚成一股风潮，成为儒家思想的主要反对者。墨子特别重视国家社稷之利，也就是老百姓之福祉，认为这是衡量一切施政与评判价值的标准，合乎社稷所需的才有价值，能使人民富庶的才有用，反之就是无益或者有害。从现今来看，这样的主张偏向功利主义，没有直接用处或有害的事物皆直接废除。

　　墨子提倡节俭，希望人能保有绝对的理智，不要做无用无益的行为，推崇刻苦朴素的生活。墨子甚至反对音乐，认为人的感情应该被压抑，批评礼乐制度皆属浪费而不切实用的。

　　当时楚王曾计划攻宋，墨子前往游说楚王止战，通过在与鲁班的模拟攻防中取得胜利，成功说服楚王退兵。

　　在科学研究方面，墨子对力学、几何学、代数、光学都有卓越贡献，在《墨子》一书当中就已经提到了力与力矩的概念，也提到了几何学中的"点、线、面、体"。墨子与他的学生们做了相当多的光学实验，是世界上最早的小孔成像现象的观测者，发现了光沿直线传播的特性。为了纪念墨子对于中国古代科学的伟大贡献，中国还将全球首次用于量子科学实验的卫星命名为"墨子号"。

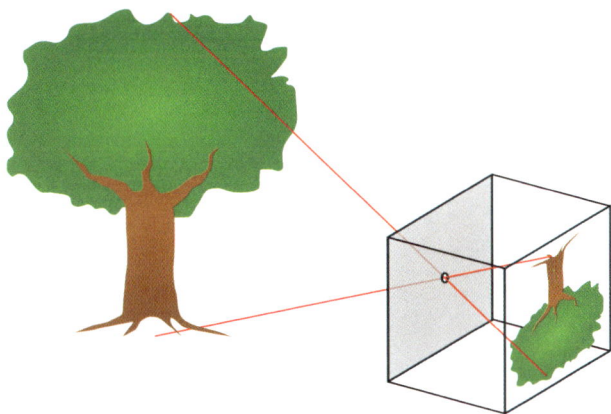

小孔成像的原理示意图/维基百科